니팅테이블의
대바늘 손뜨개 레슨

주요 뜨개 기법과 함께 익히는 손뜨개 작품 15가지

· 이윤지 지음 ·

한스미디어

프롤로그

처음 출판 제의를 받고 육아로도 벅찬 이 상황에서 책을 내는 것이 맞는가, 내가 책을 낼 그릇이 되는가 등 고민이 많았습니다. 결정을 하지 못한 상태로 한 출판사와의 미팅에서 '재밌겠다', '새로운 자극이 되겠다'라는 느낌이 들어 용감하게 하겠다 계약을 했지요. 하지만 막상 책 작업을 해보니 저의 의욕과 재미만으로 할 수 있는 일이 전혀 아니더라고요. 집필을 하면서 일어나는 여러 고민과 생각지 못한 변수들은 모범생 스타일이 아닌 저에게 참 쉽지 않은 시간들이었습니다. 나중에는 그저 무사히 원고 완성만이라도 하자, 라는 생각으로 달려온 것 같아요. 그래서 원고를 넘기고 지금 프롤로그를 쓰고 있는 이 순간이 참 다행이다 싶으면서도 감사한 마음이 듭니다.

이 책은 대바늘 뜨개를 처음 하는 초보자분들도 쉽게 접할 수 있도록 작품의 난이도를 맞춘 책이에요. 어려운 기법은 가급적 제외하고 뜨개에 대한 다양한 기법과 내용을 최대한 쉽고 간단하게 풀어가고자 했습니다. '뜨는 방식' 자체에 초점을 맞추기보다는 우선 제가 만들고자 하는 디자인을 정하고, 거기에 알맞은 뜨개 방식을 선택해 내용을 구성했어요. 그렇기 때문에 이 책 한 권 안에도 여러 가지 뜨개 방식이 다양하게 소개되어 있답니다. 평소 뜨개를 즐기는 분들이라면 그동안 자주 해보지 않은 뜨개 방식도 한번 경험해보고, '이런 방법도 할 만하구나', '별거 아니네!'라고 느낄 수 있다면 참 좋겠습니다.

이 책을 준비하는 동안 육아를 도맡아준 가족들, 그동안 저 때문에 애써주신 한스미디어 이나리 팀장님과 편집팀분들, 주은영 편집 디자이너님, 화보 촬영을 함께해주신 한정수 포토 실장님, 김신정 스타일리스트님, 그밖에 도움 주신 많은 스태프분들께 모두 감사드립니다. 덕분에 무사히 책이 완성되었습니다!

Contents

프롤로그 2

Chapter 1 대바늘 손뜨개 시작하기

1. 대바늘 손뜨개의 기초

기본 재료와 도구 10 | 기초코 만드는 방법 12
겉뜨기와 안뜨기 방법, 올바른 코 모양 14 | 게이지 개념 이해하기 16

2. 대바늘 손뜨개 기법

코 줄이는 방법 18 | 코 늘리는 방법 23 | 돗바늘을 이용해 뜨개바탕 잇기 27
어깨 잇기 30 | 코 줍기 32

3. 팁과 마무리 방법

코바늘을 이용해 빠진 코 수습하기 34 | 돗바늘을 이용해 자투리 실 정리하기 35
돗바늘을 이용해 원통뜨기에서 남은 코 마무리하기 36 | 세탁법 37

Chapter 2 겉뜨기와 안뜨기만 활용한 니트

How to knit 평뜨기와 기호도 보는 법 *41*

42
사선 헤어밴드
Twist Headband

How to knit 원통뜨기와 기호도 보는 법 *45*

46
스탠더드 베레모
Classic Knitted Beret

50
스탠더드 스크런치
Standard Knitted Scrunchie

How to knit 목파임하기 *54*

56
심플 크롭 베스트
Simple Crop Vest

62
심플 크롭 베스트 카디건
Simple Crop Vest Cardigan

68
래글런 퀼팅 풀오버
Raglan Quilting Pullover

78
래글런 퀼팅 카디건
Raglan Quilting Cardigan

Chapter 3 돌려뜨기를 이용한 니트

How to knit 돌려뜨기 *88*

90
에이콘 비니
Acorn Beanie

94
래글런 와플 풀오버
Raglan Waffle Pullover

Chapter 4 바늘비우기를 이용한 니트

How to knit 바늘비우기 *104*

106
래글런 사선 카디건
Raglan Diagonal Line Cardigan

120
포인티드 아일렛 카디건
Pointed Eyelet Cardigan

138
아일렛 라인 크롭 카디건
Eyelet Line Crop Cardigan

Chapter 5 꽈배기무늬를 이용한 니트

How to knit 꽈배기뜨기 *148*

150
케이블 하이넥
Cable High Neck

156
케이블 와치캡
Cable Watch Cap

How to knit 5코 4단 방울뜨기 *160*

162
포인트 버블 풀오버
Point Bubble Pullover

CHAPTER

1

**대바늘 손뜨개
시작하기**

1. 대바늘 손뜨개의 기초

◇ 기본 재료와 도구

이 책에 수록된 작품을 뜨기 위해 필요한 기본 재료입니다.

1 **뜨개실** : 이 책에 실린 작품 대부분은 노르웨이 뜨개실 브랜드인 산네스 간Sandnes Garn의 선데이, 알파카 울, 틴 실크 모헤어 실을 사용했습니다.

제품명	선데이(Sunday)	알파카 울(Alpakka Ull)	틴 실크 모헤어(Tynn Silk Mohair)
성분	메리노 울 100%	알파카 울 65%+울 35%	모헤어 57%, 실크 28%, 울 15%
중량	50g	50g	25g
길이	235m	100m	212m
단위	1볼	1볼	1볼
색상 수	15색	20색	17색

2 **대바늘** : 원통뜨기가 많아 막대바늘보다 80cm 전후의 줄바늘이 좀 더 편리합니다.

3 **진동바늘** : 소매나 풀오버의 목둘레 같은 좁은 원통뜨기를 할 때 유용합니다.

4 **돗바늘** : 잇기, 실 정리 등을 할 때 꼭 필요합니다.

5 **꽈배기바늘** : 꽈배기뜨기에 준비하면 좋습니다.

6 **코바늘** : 이 책은 코바늘을 이용한 기법은 담지 않았지만, 코를 수습할 때 유용합니다.

7 **마커** : 코와 단을 표시할 수 있고 원통뜨기의 시작을 체크할 수 있습니다.

8 **게이지 자** : 옷을 뜰 때 중요한 게이지를 체크할 때 유용합니다.

9 **가위** : 실을 자를 때 필요합니다.

10 **어깨핀** : 몸판을 뜨고 어깨 코를 조립하기 전까지 옮겨둘 때 필요합니다.

11 **줄자** : 옷을 뜨개질할 때 기호도에 언급된 길이를 체크하는 데 씁니다.

◇ 기초코 만드는 방법

기초코를 만드는 가장 기본 방법입니다. '손가락으로 거는 기초코'입니다.

뜰 뜨개바탕 가로의 대략 3배 길이

1 실 끝이 아래로 오도록 'ㄷ'자로 놓는다. 이때 실 끝쪽인 아랫실의 길이가 코를 잡아 뜰 뜨개바탕(편물) 가로 길이의 대략 3배가 되게 한다. 실 사이에 왼손의 엄지와 검지를 사진처럼 두고 실을 걸어 손바닥을 보게끔 뒤집는다. 엄지에 실 끝쪽이 걸리도록 한다.

2 실 2줄은 나머지 세 손가락으로 잡는다. 오른손으로 바늘을 잡고 바늘로 엄지에 걸린 실 공간에 아래에서 위로 들어간다.

3 검지에 걸린 실의 위에서 아래로 바늘을 넣는다.

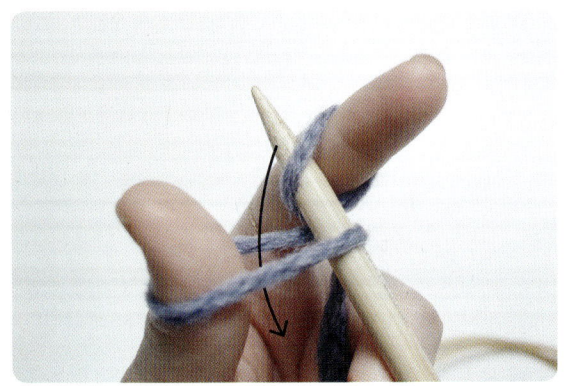

4 검지에 걸린 실을 데리고 다시 엄지에 걸린 실 공간의 위에서 아래로 나온다.

볼실 쪽

끝실 쪽

5 첫 코가 만들어졌다. 첫 코가 바늘에 걸려 있는 채로 두 실 사이에 엄지와 검지를 넣어 다시 손에 실을 잡는다. 단, 이때 실 끝이 엄지 쪽에 걸리도록 주의한다.

6 첫 코를 만들 때와 동일하게 코를 필요한 만큼 연속해 만든다. 2번째 코부터는 손에서 실을 놓을 필요 없이 만들게 된다.

7 기초코가 만들어진 모습.

◇ 겉뜨기와 안뜨기 방법, 올바른 코 모양

대바늘 손뜨개의 가장 기초가 되는 겉뜨기와 안뜨기입니다.

겉뜨기

1 오른쪽 바늘을 왼쪽 바늘의 겉뜨기할 코에, 왼쪽 바늘의 몸통에서 바늘 팁 방향으로 들어간다.

2 실을 오른쪽 바늘에 시계 반대 방향으로 감아서, 감은 실을 데리고 1에서 오른쪽 바늘이 들어갔던 길의 역으로 나온다.

안뜨기

1 오른쪽 바늘을 왼쪽 바늘의 안뜨기할 코에, 왼쪽 바늘의 바늘 팁에서 몸통 방향으로 들어간다.

2 실을 오른쪽 바늘에 시계 반대 방향으로 감아서, 감은 실을 데리고 1에서 오른쪽 바늘이 들어갔던 길의 역으로 나온다.

겉뜨기와 안뜨기를 한 모습

겉뜨기는 바늘에 걸려 있는 겉뜨기 코 아래 브이(V) 모양이, 안뜨기는 바늘에 걸려 있는 안뜨기 코 아래 가로줄 모양이 생긴다.

올바른 코의 모양

고리 모양의 코는 바늘에 걸렸을 때 오른쪽이 바늘 위로 (뜨는 사람이 보았을 때) 올라오도록 걸려 있어야 올바른 모양이다.

◇ 게이지 개념 이해하기

게이지는 내가 선택한 실과 그 실에 알맞은 굵기의 바늘을 이용해 뜨개바탕을 떴을 때 가로 10cm 안에 몇 코가, 세로 10cm 안에 몇 단이 들어가는지를 의미합니다. 게이지를 내는 이유는 내가 뜬 뜨개바탕의 코 크기가 어느 정도 되는지 알기 위해서입니다. 이를 통해 내가 뜨는 뜨개바탕의 크기가 정해지므로 옷을 뜨는 데 중요합니다.

게이지가 '20코×24단'이라는 것은 가로 10cm에 해당하는 콧수가 20코, 세로 10cm에 해당하는 단수가 24단이란 뜻입니다. '가로 1cm=2코, 세로 1cm=2.4단'으로 변환하면, 원하는 크기의 뜨개바탕을 뜰 때 떠야 하는 콧수와 단수를 계산할 수 있습니다. 예를 들어보겠습니다. 게이지가 20×24일 때, 가로 20cm를 뜨는 데 필요한 콧수는 '20cm×2(1cm에 해당하는 콧수)=40코'입니다.

특히 기호도를 보며 작품을 뜰 때, 기호도의 작품 사이즈대로 작업하려면 게이지가 중요합니다. 작품에 들어가기 전, 미리 정한 실과 바늘을 이용해 뜨개바탕을 가로 15cm, 세로 15cm 정도 떠서 가로세로 10cm를 잰 다음 게이지를 확인하는 것을 추천합니다.
기호도의 게이지보다 내가 낸 게이지의 숫자가 크다면 내가 뜬 코의 크기가 더 작다는 의미로, 기호도대로 뜨면 기호도 사이즈보다 작은 옷이 완성됩니다. 반면 내가 낸 게이지 숫자가 작다면 내가 뜬 코의 크기가 더 크다는 의미로, 기호도대로 뜨면 기호도 사이즈보다 큰 옷이 완성됩니다. 단, 같은 실과 같은 크기(mm)의 바늘을 쓰더라도 사람마다 장력이 달라서 게이지가 달라질 수 있습니다.

작품에 들어가기 전 게이지를 내보고 기호도의 게이지와 비교해 숫자가 크면(=코가 작으면) 바늘의 굵기를 키웁니다. 그것도 부족하다면 좀 더 굵은 실로 변경해 기호도의 게이지에 최대한 맞추도록 합니다.
일반적으로 기호도보다 덜 뜨거나 더 뜨면서 옷의 길이(총길이)를 조절할 수 있는 '단 게이지'보다 처음 코를 잡을 때 고정되는 옷의 둘레(통)를 정하는 '코 게이지'가 중요합니다. 아무래도 코 게이지에 좀 더 비중을 두는 게 좋겠지요.

2. 대바늘 손뜨개 기법

◇ 코 줄이는 방법

이 책에 쓰인 코를 줄이는 여러 가지 방법입니다.

人 왼코 겹쳐 2코 모아뜨기(왼코 겹치기)

1 실은 바늘 뒤에 두고, 왼코 겹쳐 2코 모아뜨기할 2코에 바늘을 한꺼번에 넣어 겉뜨기한다.

2 왼코 겹쳐 2코 모아뜨기를 한 모습.

入 오른코 겹쳐 2코 모아뜨기(오른코 겹치기)

1 실은 바늘 뒤에 두고, 오른코 겹쳐 2코 모아뜨기할 2코 중 1번째 코(①)는 겉뜨기 방향으로 뜨지 않고 넘기고, 2번째 코(②)는 겉뜨기한다

2 오른쪽 바늘에서 ①코를 ②코에 덮어씌운다.

3 오른코 겹쳐 2코 모아뜨기를 한 모습.

⟨ 왼코 겹쳐 2코 모아 안뜨기

1 실을 바늘 앞에 두고, 왼코 겹쳐 2코 모아 안뜨기할 2코에 바늘을 한꺼번에 넣어 안뜨기한다.

2 왼코 겹쳐 2코 모아 안뜨기를 한 모습.

⟨ 오른코 겹쳐 2코 모아 안뜨기

1 실은 바늘 앞에 두고, 오른코 겹쳐 2코 모아 안뜨기할 2코를 차례차례 겉뜨기 방향으로 뜨지 않고 오른쪽 바늘로 넘긴다. 그다음 다시 왼쪽 바늘로 오른쪽 바늘의 2코를 한꺼번에 겉뜨기 방향으로 넣어서 뜨지 않고 왼쪽 바늘로 옮긴다.

2 왼쪽 바늘의 2코를 한꺼번에 안뜨기한다.

3 오른코 겹쳐 2코 모아 안뜨기를 한 모습.

⤺ 왼코 겹쳐 3코 모아뜨기(왼코 중심 3코 모아뜨기)

1 실은 바늘 뒤에 두고, 왼코 겹쳐 3코 모아뜨기를 할 3코에 바늘을 한꺼번에 넣어 겉뜨기한다.

2 왼코 겹쳐 3코 모아뜨기를 한 모습.

⤻ 오른코 겹쳐 3코 모아뜨기(오른코 중심 3코 모아뜨기)

1 실은 바늘 뒤에 두고, 오른코 겹쳐 3코 모아뜨기를 할 3코 중 1번째 코(①)는 겉뜨기 방향으로 뜨지 않고 넘긴다. 2번째 코와 3번째 코(②와 ③)에 바늘을 한꺼번에 넣어 겉뜨기한다.

2 오른쪽 바늘에서 ①코를 ②코와 ③코를 한꺼번에 겉뜨기한 코(④)에 덮어씌운다.

3 오른코 겹쳐 3코 모아뜨기를 한 모습.

人 중심 3코 모아뜨기

1 실은 바늘 뒤에 두고, 중심 3코 모아뜨기를 할 3코 중 1번째 코와 2번째 코(①과 ②)에 바늘을 한꺼번에 넣어서 겉뜨기 방향으로 뜨지 않고 넘긴다. 3번째 코(③)는 겉뜨기한다.

2 오른쪽 바늘에서 ①코와 ②코를 ③코에 한꺼번에 덮어씌운다.

3 중심 3코 모아뜨기를 한 모습.

● 덮어씌워 코막음

1 덮어씌워 코막음을 하려면 오른쪽 바늘에 2코가 필요하므로 겉뜨기 2코를 한다.

2 오른쪽 바늘의 2코 중 오른쪽 코를 왼쪽 코에 덮어씌운다. 오른쪽 바늘에 1코만 남으므로 다시 덮어씌워 코막음을 하기 위해 1코를 더 뜬다.

3 다시 오른쪽 바늘에 2코 중 오른쪽 코를 왼쪽 코에 덮어씌운다.

◇ 코 늘리는 방법

이 책에 쓰인 코를 늘리는 여러 가지 방법입니다.

M1L(=M1, Make One Left)

1 코와 코 사이의 줄(싱커 루프)을 왼쪽 바늘을 이용해 앞에서 뒤로 넣는다.

2 왼쪽 바늘 뒤에서 안뜨기 방향으로 오른쪽 바늘을 넣는다.

3 오른쪽 바늘에 실을 시계 반대 방향으로 감아 겉뜨기한다.

4 M1L을 완성한 모습.

M1R(Make One Right)

1 코와 코 사이의 줄(싱커 루프)을 왼쪽 바늘을 이용해 뒤에서 앞으로 넣는다.

2 겉뜨기 방향으로 오른쪽 바늘을 넣는다.

3 오른쪽 바늘에 실을 시계 반대 방향으로 감아 겉뜨기한다.

4 M1R을 완성한 모습.

KFB(Knit Front & Back)

1 뜰 코를 우선 겉뜨기하는데 왼쪽 바늘에서 코를 빼지 않는다. 빼지 않은 왼쪽 바늘에 걸린 코에 오른쪽 바늘을 왼쪽 바늘 뒤에서 안뜨기 방향으로 넣는다.

2 실을 오른쪽 바늘에 시계 반대 방향으로 감아 겉뜨기한다.

3 KFB를 뜬 모습.

ⓐ 감아코

1 감아코는 단의 끝에서 만들 수 있다. 단의 마지막에 실 아래로 검지의 끝이 앞을 가리키도록 잡고 손가락 끝이 나를 향하도록 돌린다.

2 그 상태에서 바늘의 팁과 손가락 끝이 같은 방향이 되도록 손가락에 걸린 실을 바늘에 그대로 옮긴다.

3 감아코를 만든 모습. 원하는 콧수만큼의 감아코를 만들어 사용하면 된다.

◇ 돗바늘을 이용해 뜨개바탕 잇기

돗바늘을 이용해 뜨개바탕과 뜨개바탕을 잇는 방법에는 단과 단 잇기, 코와 코 잇기, 단과 코 잇기가 있습니다.

단과 단 잇기

1 두 뜨개바탕의 단과 단은 각 뜨개바탕의 가장 끝 코(V)와 그 옆의 2번째 코(V) 사이를 벌리면 보이는 줄들을 돗바늘로 1줄씩 또는 2줄씩 번갈아가며 통과시켜서 잇는다. 맨 먼저 두 뜨개바탕을 번갈아가며 첫 코와 코 사이를 돗바늘을 이용해 뒷면에서 앞면으로 통과시켜 실을 잇는다.

2 처음 돗바늘을 통과시켰던 뜨개바탕의 실이 나온 위치(**1**의 빨간 점)에 다시 바늘을 넣고 오른쪽에서 왼쪽으로 2줄(또는 1줄)을 통과시킨다. 보통은 속도를 높이기 위해 2줄씩 통과시킨다. 스트라이프 배색이나 무늬를 맞춰야 한다면 1줄씩 통과시키는 것이 좋다.

3 반대편 뜨개바탕의 실이 나온 위치(사진의 빨간 점)에 돗바늘을 넣고 2줄(또는 1줄)을 통과시킨다. **1·2·3**처럼 두 뜨개바탕을 번갈아 잇는다.

4 처음부터 실을 조이며 잇기보다는 어느 정도 느슨하게 이으며 중간중간 적당히 실을 당겨 조인다. 단, 너무 꽉 조여서 뜨개바탕이 쪼그라들지 않도록 주의해야 한다.

코와 코 잇기

1 두 뜨개바탕의 코와 코는 각 뜨개바탕의 끝나 있는 쪽으로 뾰족한 산 모양(∧)을 돗바늘로 번갈아 통과시키며 잇는다. 먼저 두 뜨개바탕을 번갈아 맨 처음 코(∨) 사이를 돗바늘을 이용해 뒷면에서 앞면으로 통과시키며 실을 잇는다. 맨 먼저 이은 뜨개바탕의 실이 나와 있는 위치(사진의 빨간 점)에 돗바늘을 넣고 뜨개바탕이 끝나 있는 쪽으로 뾰족한 산 모양(∧)을 통과시킨다.

2 반대편 뜨개바탕의 실이 나온 위치(사진의 빨간 점)에 돗바늘을 넣고 뜨개바탕이 끝나 있는 쪽으로 뾰족한 산 모양(∧)을 통과시킨다. 이렇게 두 뜨개바탕을 번갈아 잇는다.

3 코와 코를 잇는 실이 그대로 1단이 되므로 기존 뜨개바탕의 코 크기에 맞춰서 실을 조절하며 이어야 한다.

단과 코 잇기

1 두 뜨개바탕의 단과 코 잇기는 코를 잇는 뜨개바탕은 코와 코를 이을 때처럼, 단을 잇는 뜨개바탕은 단과 단을 이을 때처럼 돗바늘을 통과시킨다.

2 단을 잇는 뜨개바탕은 코를 잇는 뜨개바탕과 잇는 길이에 맞춰서 1줄이나 2줄을 알맞게 선택해 통과시켜야 한다.

3 단과 코를 잇는 실이 그대로 1단이 되므로 기존 뜨개바탕의 코 크기에 맞춰서 실을 조절하며 잇는다.

◇ 어깨 잇기

다운 탑으로 몸 앞판과 몸 뒤판을 뜬 다음 어깨를 잇는 방법입니다. 뜨개바탕을 뜨던 바늘과 굵기가 같거나 그보다 가는 굵기의 여분의 바늘이 필요합니다. 어깨 잇기는 크게 두 단계로 나뉩니다. 1단계는 뜨지 않고 코 합치기(**1·2·3·4**)이고 2단계는 뜨면서 덮어씌워 코막음(**5·6**)하는 것입니다.

1 어깨를 잇기 전에 뒤판은 뜨개바탕의 앞면이 위로 오게 두고, 그 위에 앞판은 뜨개바탕의 뒷면이 위로 오게 합친다. 뜨지 않고 코를 합치는 1단계는 항상 이렇게 포갠 상태에서 앞면 쪽만 보고 진행한다. 오른쪽과 왼쪽 어깨 중 먼저 합칠 어깨(순서는 상관없다)의 앞판과 뒤판 어깨 코에 해당 뜨개바탕을 뜨던 바늘보다 가늘거나 같은 여분의 바늘(①과 ②)로 오른쪽에 바늘 팁이 오도록 옮긴다.

2 새 뜨개바탕을 뜨던 것과 같은 굵기의 바늘(③)을 오른손에 잡고 앞판의 첫 코(①바늘의 첫 코)에 겉뜨기 방향으로 바늘을 넣는다. 이때 넣기만 하고 앞판 코가 걸려 있는 바늘에서 코를 빼지 않는다.

3 **2**의 상태에서 뒤판의 첫 코에 안뜨기 방향으로 바늘을 넣는다. 앞판 코가 ①바늘에서 빠지지 않도록 주의하며 ②바늘의 첫 코에 안뜨기 방향으로 ③바늘을 넣고 ②바늘에서 코를 뺀다.

4 ②바늘에서 뺀 뒤판 코를 ①바늘의 앞판 코 사이로 통과시키고 ①바늘에서 앞판 코를 뺀다. 이렇게 하면 ③바늘에 뒤판 코가 걸리게 된다. 앞판 코가 뒤판 코에 덮어 씌워지면서 2코가 합쳐지게 되는 것이다. 남은 코도 같은 방법으로 끝까지 합친다.

5 앞판의 어깨 코와 뒤판의 어깨 코를 같은 순번끼리 합치고 나면 어깨가 이어진다. 각각의 12코가 하나의 12코로 되어 ③바늘에 걸리게 되는 것이다. 바늘을 이동해 앞판이 위에 있는 상태에서 오른쪽으로 바늘 팁이 오게 한다. 사진은 심플 크롭 베스트 카디건(→P.62)의 어깨인데 앞판 어깨 12코와 뒤판 어깨 12코를 하나의 12코가 되도록 합친 모습이다.

6 뒤판 어깨를 뜨고 어깨너비의 4배 실을 이용해 앞판을 본 상태에서, 어깨 코 12코를 겉뜨기하며 덮어씌워 코막음을 한다. 원래는 뒤판 어깨를 뜨고 남은 실로 덮어씌워 코막음하지만, 뒤판 어깨를 뜨고 남은 실이 의도치 않게 짧거나 없다면 앞판 어깨를 뜨고 남은 실로 작업한다. 이를테면 심플 크롭 베스트 카디건에서 뒤판은 기호도상 왼쪽 어깨에 자투리 실이 달리지 않는다(→P.67). 이마저 여의치 않으면 새 실을 이용해 덮어씌워 코막음한다. 덮어씌워 코막음할 때 사용할 실에 따라서 뒤판을 보는 상태에서 해야 하는 경우, 겉뜨기가 아닌 안뜨기를 하면서 진행한다. 단, 어깨경사뜨기를 한 왼쪽 어깨 경우에 해당한다. 이 책은 해당 사항이 없다.

◇ 코 줍기

코를 줍는 방법은 단에서 코 줍기와 코에서 코 줍기가 있습니다. 코를 주울 때는 바늘과 실을 모두 오른손에 잡고 작업하는 것이 편합니다.

단에서 코 줍기

1 단에서 코 줍기는 코(V)와 코(V) 사이에서 줍는다. 제일 끝 코(V)와 그 옆의 2번째 코(V) 사이에서 코를 줍는데(빨간 점 위치) 단마다 연달아 줍지 않는다. 즉 빨간 점을 모두 줍지 않는다는 얘기다. 상황에 따라 3코를 연달아 줍고 1코를 주울 자리를 건너뛰기를 반복하거나 4코를 연달아 줍고 1코를 주울 자리를 건너뛰기를 반복한다. 몇 코를 줍고 1코 자리를 건너뛰는지는 상황마다 다를 수 있다.

2 코 줍는 방법은 뜨개바탕 앞면을 본 상태에서 바늘을 앞에서 뒤로 코 주울 위치에 넣는다. 새 실을 시계 반대 방향으로 바늘에 감고, 그 실을 데리고 들어갔던 방향은 역으로 나온다.

3 1·2를 반복하며 옆의 코도 이어서 줍는다.

4 3코를 줍고 1코를 주울 자리를 건너뛰기를 반복한 모습.

5 4코를 줍고 1코를 주울 자리를 건너뛰기를 반복한 모습.

코에서 코 줍기

1 코에서 코 줍기는 뜨개바탕이 끝나 있는 쪽으로 벌어진 V에서 코를 줍는다. 단에서 코 줍기와 달리 코에서는 건너뜀 없이 모두 줍는다. 코 줍기는 단에서 코 줍기와 같은 방법으로 뜨개바탕 앞면을 본 상태에서 바늘을 앞에서 뒤로 코 주울 위치에 넣는다. 새 실을 시계 반대 방향으로 바늘에 감고, 그 실을 데리고 들어갔던 방향을 역으로 나온다.

2 코에서 코 줍기를 한 모습.

3. 팁과 마무리 방법

◇ 코바늘을 이용해 빠진 코 수습하기

뜨개를 하다 보면 코가 빠질 수 있습니다. 그럴 때 코바늘을 이용해 복구할 수 있습니다. 겉뜨기와 안뜨기는 동전의 앞뒷면처럼 앞뒤로 있으니 보기 편한 겉뜨기 쪽을 보며 복구하면 좋습니다.

1 빠진 코의 겉뜨기 면을 보고 코바늘을 수습할 코의 앞에서 뒤로 넣는다.

2 코바늘에 풀린 단의 실을 걸어 데리고 들어갔던 길 그대로 역으로 나온다.

3 복구한 코는 코의 오른쪽이 바늘 위로 올라오도록 대바늘에 옮긴다.

◇ 돗바늘을 이용해 자투리 실 정리하기

뜨개를 완성한 다음 자투리 실을 겉뜨기 코와 안뜨기 코에서 정리하는 방법입니다. 자투리 실에 돗바늘을 연결해 한 가닥을 온전히 통과시키거나 돗바늘로 가를 수 있는 실은 갈라서 통과시켜도 좋습니다. 겉뜨기 코에서 정리하는 방법은 고무단에 달려 있는 자투리 실을 숨길 때 사용하면 좋습니다.

겉뜨기 코에서 자투리 실 정리하기

1 겉뜨기 모양인 브이(V)에서 오른쪽에 실을 정리하는 방법이다. V의 오른쪽과 수직이 되는 방향으로 돗바늘을 통과시킨다.

2 원하는 만큼 돗바늘을 통과시킨다.

1′ 겉뜨기 모양인 V에서 왼쪽에 실을 정리하는 방법이다. V의 왼쪽과 수직이 되는 방향으로 돗바늘을 통과시킨다.

2′ 원하는 만큼 돗바늘을 통과시킨다.

안뜨기 코에서 자투리 실 정리하기

1 사진의 빨간색 선 또는 초록색 선 중에서 한군데를 정한 다음 돗바늘로 1코마다 위에서 아래, 아래에서 위로 번갈아 통과시킨다.

2 원하는 만큼 돗바늘을 통과시킨다.

◇ 돗바늘을 이용해 원통뜨기에서 남은 코 마무리하기

원통뜨기를 하고 나서 여러 콧수를 돗바늘로 마무리하는 방법입니다. 아이코드를 마무리(스탠더드 베레모→P.49)하거나 모자를 마무리(에이콘 비니→P.92, 케이블 와치캡→P.159)할 때 사용합니다.

1 원통뜨기를 하다가 마무리할 때 실을 여유 있게 자른 뒤 그 실에 돗바늘을 연결한다.

2 돗바늘을 가지고 원통뜨기하던 방향대로 코를 모두 통과시킨다. 튼튼하게 마무리하기 위해 두어 번 더 통과시키면 좋다.

3 돗바늘을 정중앙에서 속으로 넣어 자투리 실을 숨겨 마무리한다.

◇ 세탁법

작품을 다 뜨고 나면 울 샴푸로 손빨래를 하고 모양을 잡아서 건조하면 좋습니다. 울 샴푸와 시침핀, 저렴하게 구할 수 있는 퍼즐 매트를 이용해 블로킹을 할 수 있습니다.

1 세탁할 뜨개바탕 부피에 알맞은 볼에 너무 차갑지 않은 실온의 물을 담고 울 샴푸를 적당히 넣어 물에 푼다. 뜨개바탕을 넣고 조물조물 손빨래한 뒤 여러 번 물에 헹군다. 단, 뜨개바탕을 짜거나 잡아당겨서 늘리지 않도록 조심한다. 섬유유연제를 쓸 경우, 이 과정 다음에 물을 새로 받아 섬유유연제를 적당히 푼 다음 뜨개바탕을 필요한 만큼 담그고 헹구는 과정을 거친다.

2 뜨개바탕을 헹구고 나면 수건으로 감싸 눌러가며 최대한 물기를 뺀다. 이때도 뜨개바탕을 잡아당기거나 늘리지 않도록 조심한다. 수건을 여러 장 준비할수록 좋다.

3 모양을 잡을 필요가 없는 뜨개바탕이면 매트(바닥)에 적당히 펼쳐서 말린다. 모양을 잡을 필요가 있는 뜨개바탕은 시침핀을 이용한다. 건조는 반드시 평평한 바닥에서 해야 한다. 단, 건조대에 걸치거나 경사진 곳에 널지 않는다. 어느 정도 윗면이 마르면 앞뒤 뒤집어가며 잘 건조한다.

CHAPTER

2

**겉뜨기와 안뜨기만
활용한 니트**

평뜨기와 기호도 보는 법

평뜨기는 뜨개바탕의 홀수 단과 짝수 단을 앞면(겉)과 뒷면(속)을 번갈아 뜨는 방식을 말합니다. 이 책은 코를 잡은 것(만든 것)을 1단으로 정하고 홀수 단은 뜨개바탕의 앞면(겉), 짝수 단은 뜨개바탕의 뒷면(속)으로 정합니다.

겉뜨기와 안뜨기는 동전의 앞뒷면처럼 겉뜨기를 뒤집으면 안뜨기로 보이고, 안뜨기를 뒤집으면 겉뜨기로 보입니다. 그래서 평뜨기에서 홀수 단은 기호도의 겉뜨기·안뜨기대로 뜨고 짝수 단은 기호도의 겉뜨기·안뜨기를 반대로, 즉 겉뜨기 코는 안뜨기로, 안뜨기 코는 겉뜨기로 뜹니다.

기호도를 볼 때 한 단에서 코를 보며 따라 뜨는 방향도 홀수 단은 오른쪽에서 왼쪽으로, 짝수 단은 왼쪽에서 오른쪽으로 진행합니다. 실제로는 홀수 단이나 짝수 단의 진행 방향이 오른쪽에서 왼쪽이지만 기호도는 앞면(겉) 기준이므로, 뒷면을 보며 뜨는 짝수 단은 겉면 기준인 기호도에서 반대로 표시됩니다. 이 점은 좌우 비대칭 무늬의 기호도를 볼 때 중요하므로 주의합니다.

기호도의 가로칸은 콧수, 세로칸은 단수를 의미합니다. 기호도를 처음 보았을 때 홀수 단과 짝수 단의 진행 방향 표시가 다르다면 평뜨기 기호도입니다.

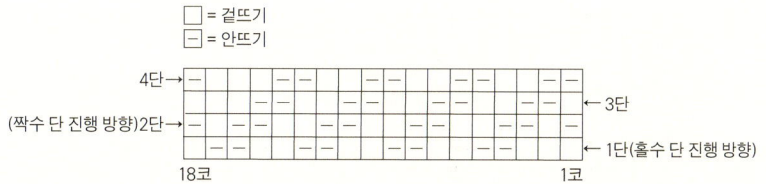

1·3단은 홀수 단이므로 기호도를 볼 때 오른쪽 첫 코부터 왼쪽 마지막 코까지 겉뜨기는 겉뜨기, 안뜨기는 안뜨기로 진행합니다.
   1단 : 겉뜨기 3코, '안뜨기 2코, 겉뜨기 2코'×3번 반복, 안뜨기 2코, 겉뜨기 1코
   3단 : 겉뜨기 1코, '안뜨기 2코, 겉뜨기 2코'×3번 반복, 안뜨기 2코, 겉뜨기 3코

2·4단은 짝수 단이므로 기호도를 볼 때 왼쪽 첫 코부터 오른쪽 마지막 코까지 겉뜨기는 안뜨기로, 안뜨기는 겉뜨기로 진행합니다.
   2단 : 겉뜨기 1코, 안뜨기 1코, '겉뜨기 2코, 안뜨기 2코'×3번 반복, 겉뜨기 2코, 안뜨기 1코, 겉뜨기 1코
   4단 : 겉뜨기 1코, 안뜨기 3코, '겉뜨기 2코, 안뜨기 2코'×3번 반복, 겉뜨기 2코

※ 포인티드 아일렛 카디건(→P.126~133)은 짝수 단에서 겉뜨기와 안뜨기를 반대로 떠야 합니다. 왼코 겹쳐 2코 모아뜨기, 오른코 겹쳐 2코 모아뜨기의 경우, 짝수 단에서 왼코 겹쳐 2코 모아뜨기는 왼코 겹쳐 2코 모아 안뜨기로, 오른코 겹쳐 2코 모아뜨기는 오른코 겹쳐 2코 모아 안뜨기로 진행합니다.

사선 헤어밴드
Twist Headband

평뜨기일 때 기호도를 보는 방법을 익힐 수 있는 사선 헤어밴드입니다. 처음 시작하는 분들이 비교적 빠르고 간단하게 완성해 성취감을 느낄 수 있는 아이템으로 정해보았어요. 기초코 잡기, 겉뜨기, 안뜨기, 덮어씌워 코막음만 할 줄 알면 쉽게 만들 수 있는 난이도입니다. 18코를 잡아 원하는 길이(머리둘레)만큼 뜬 다음 양 끝을 반 접어 맞물리게 겹치고 돗바늘을 이용해 손바느질하면 된답니다. 아이템 특성상 게이지가 기호도와 차이가 있더라도 영향을 크게 받지 않습니다.

사선 헤어밴드
Twist Headband

실 산네스 간 알파카 울 (2650 베이지 멜란지) 1볼
대바늘 4.5mm

게이지 무늬뜨기(4.5mm 대바늘) 22코×34단
사이즈 둘레 약 48~50cm, 너비 8cm

【 뜨는 방법 】

1 4.5mm 대바늘로 18코를 잡는다. 이 기호도에서는 예외적으로 코를 잡은 단을 1단으로 생각하지 않고 **2**에서 기호도의 1단부터 뜨도록 한다.

2 기호도를 참고해 평뜨기로 1~4단을 반복하며 48~50cm 또는 원하는 길이가 되도록 뜬다.

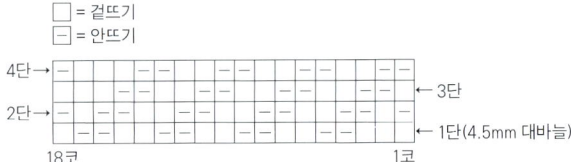

1단 : 겉뜨기 3코, '안뜨기 2코, 겉뜨기 2코'×3번 반복, 안뜨기 2코, 겉뜨기 1코
2단 : 겉뜨기 1코, 안뜨기 1코, '겉뜨기 2코, 안뜨기 2코'×3번 반복, 겉뜨기 2코, 안뜨기 1코, 겉뜨기 1코
3단 : 겉뜨기 1코, '안뜨기 2코, 겉뜨기 2코'×3번 반복, 안뜨기 2코, 겉뜨기 3코
4단 : 겉뜨기 1코, 안뜨기 3코, '겉뜨기 2코, 안뜨기 2코'×3번 반복, 겉뜨기 2코
이렇게 1~4단을 한 세트로 원하는 길이에 가까워지도록 반복한다.

3 원하는 길이만큼 뜨고 18코를 덮어씌워 코막음한 다음 양 끝의 자투리실은 돗바늘을 이용해 깔끔하게 정리한다.

4 양면 중 마음에 드는 쪽을 앞면으로 정하고 이 면이 안으로 들어가도록 양 끝을 반으로 접어서 사진과 같이 겹친다.

5 돗바늘에 실을 여유 있는 길이로 연결해 겹친 부분을 일직선으로 손바느질한다.

원통뜨기와 기호도 보는 법

원통뜨기(원형뜨기)는 뜨개바탕의 홀수 단과 짝수 단 모두 앞면(겉)을 보며 뜨는 방식을 말합니다. 처음에는 평뜨기와 동일하게 코를 잡고(코를 잡은 단이 1단) 양 끝을 이어붙여 원통으로 만들어 뜹니다. 뜨개바탕의 뒷면(속)은 보지 않고 앞면(겉)만 보고 계속 강강술래 하듯 뜨게 되므로 홀수 단, 짝수 단 모두 기호도의 겉뜨기·안뜨기대로 진행합니다. 기호도를 보고 뜨는 방향도 단마다 오른쪽에서 왼쪽으로 진행합니다.

기호도의 가로칸은 콧수, 세로칸은 단수를 의미합니다. 기호도를 처음 보았을 때 홀수 단과 짝수 단의 진행 방향 표시가 같다면 원통뜨기 기호도임을 알 수 있습니다.

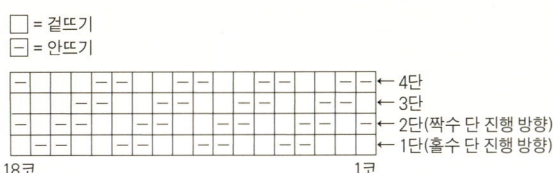

1단부터 4단까지 앞면(겉)을 보고 뜨므로(평뜨기의 홀수 단과 동일) 기호도를 볼 때 오른쪽 첫 코부터 왼쪽 마지막 코까지 겉뜨기·안뜨기 그대로 진행합니다.

- **1단** : 겉뜨기 3코, '안뜨기 2코, 겉뜨기 2코'×3번 반복, 안뜨기 2코, 겉뜨기 1코
- **2단** : 안뜨기 1코, 겉뜨기 1코, '안뜨기 2코, 겉뜨기 2코'×3번 반복, 안뜨기 2코, 겉뜨기 1코, 안뜨기 1코
- **3단** : 겉뜨기 1코, '안뜨기 2코, 겉뜨기 2코'×3번 반복, 안뜨기 2코, 겉뜨기 3코
- **4단** : 안뜨기 2코, '겉뜨기 2코, 안뜨기 2코'×3번 반복, 겉뜨기 3코, 안뜨기 1코

스탠더드 베레모
Classic Knitted Beret

원통뜨기를 익히기 위한 아이템으로 기본적인 디자인의 베레모를 선택했어요. 이 베레모를 통해 원통뜨기 구조를 이해하고 코를 늘리는 방법 가운데 하나인 KFB와 1코 줄이기의 2가지 방법을 익힐 수 있습니다. 기본 바탕은 메리야스뜨기입니다. 원통뜨기에서 메리야스뜨기는 계속 겉뜨기만 하므로 자칫 지루할 수 있지만, 코 늘리기와 코 줄이기가 계속되기에 뜨는 재미가 있고 후반의 코 줄이기는 완성하는 데 속도감을 줄 수 있습니다.

스탠더드 베레모
Classic Knitted Beret

실 산네스 간 선데이 (3021 라이트 베이지) 1볼＋틴 실크 모헤어 (3021 라이트 베이지) 1볼
대바늘 3mm, 3.5mm

게이지 메리야스뜨기(3.5mm 대바늘) 24코×32단
사이즈 머리둘레 S:약 55cm[M:약 60cm]

S사이즈[M사이즈] 표기

【 고무단 】

1단 : 3mm 대바늘로 104[112]코를 잡는다. 그리고 2단을 들어가기 전, 코들의 양 끝을 연결해 원통뜨기로 진행한다. 첫 코와 마지막 코 사이의 줄바늘에 마커를 달아서 시작 표시를 해놓으면 좋다.

2~10단 : '겉뜨기 1코, 안뜨기 1코'를 반복하는 '1코 고무뜨기'를 한다.

【 코를 늘리는 구간 】

이제부터 3.5mm 대바늘을 사용한다. 마커 8개를 준비해서 1번째 코부터 세어 13[14]코씩 나누고 그 사이사이마다 마커를 줄바늘에 단다. 이렇게 하면 8등분이 된다.

1단 : 12[13]코를 겉뜨기하고 그다음 코는 kfb로 뜬 다음 마커 넘기기를 8번 반복한다. 총 112[120]코가 된다.
2단 : 13[14]코를 겉뜨기하고 그다음 코는 kfb로 뜬 다음 마커 넘기기를 8번 반복한다. 총 120[128]코가 된다.
3단 : 14[15]코를 겉뜨기하고 그다음 코는 kfb로 뜬 다음 마커 넘기기를 8번 반복한다. 총 128[136]코가 된다.
4단 : 15[16]코를 겉뜨기하고 그다음 코는 kfb로 뜬 다음 마커 넘기기를 8번 반복한다. 총 136[144]코가 된다.
5단 : 16[17]코를 겉뜨기하고 그다음 코는 kfb로 뜬 다음 마커 넘기기를 8번 반복한다. 총 144[152]코가 된다.
6단 : 17[18]코를 겉뜨기하고 그다음 코는 kfb로 뜬 다음 마커 넘기기를 8번 반복한다. 총 152[160]코가 된다.
7단 : 18[19]코를 겉뜨기하고 그다음 코는 kfb로 뜬 다음 마커 넘기기를 8번 반복한다. 총 160[168]코가 된다.
8단 : 19[20]코를 겉뜨기하고 그다음 코는 kfb로 뜬 다음 마커 넘기기를 8번 반복한다. 총 168[176]코가 된다.
9~26단 : 168[176]코를 가지고 겉뜨기를 한다.

【 코를 줄이는 구간 】

1단 : 처음 2코를 '왼코 겹쳐 2코 모아뜨기'하고 17[18]코 겉뜨기, 오른코 겹쳐 2코 모아뜨기로 뜬 다음 마커 넘기기를 8번 반복한다. 총 152[160]코가 된다.
2·3·4단 : 152[160]코를 가지고 겉뜨기를 한다.
5단 : 처음 2코를 '왼코 겹쳐 2코 모아뜨기'하고 15[16]코 겉뜨기, 오른코 겹쳐 2코 모아뜨기로 뜬 다음 마커 넘기기를 8번 반복한다. 총 136[144]코가 된다.
6·7·8단 : 136[144]코를 가지고 겉뜨기를 한다.
9단 : 처음 2코를 '왼코 겹쳐 2코 모아뜨기'하고 13[14]코 겉뜨기, 오른코 겹쳐 2코 모아뜨기로 뜬 다음 마커 넘기기를 8번 반복한다. 총 120[128]코가 된다.
10·11·12단 : 120[128]코를 가지고 겉뜨기를 한다.
13단 : 처음 2코를 '왼코 겹쳐 2코 모아뜨기'하고 11[12]코 겉뜨기, 오른코 겹쳐 2코 모아뜨기로 뜬 다음 마커 넘기기를 8번 반복한다. 총 104[112]코가 된다.
14·15·16단 : 104[112]코를 가지고 겉뜨기를 한다.

17단 : 처음 2코를 '왼코 겹쳐 2코 모아뜨기'하고 9[10]코를 겉뜨기, 오른코 겹쳐 2코 모아뜨기로 뜬 다음 마커 넘기기를 8번 반복한다. 총 88[96]코가 된다.

18·19·20단 : 88[96]코를 가지고 겉뜨기를 한다.

21단 : 처음 2코를 '왼코 겹쳐 2코 모아뜨기'하고 7[8]코를 겉뜨기, 오른코 겹쳐 2코 모아뜨기로 뜬 다음 마커 넘기기를 8번 반복한다. 총 72[80]코가 된다.

22·23·24단 : 72[80]코를 가지고 겉뜨기를 한다.

25단 : 처음 2코를 '왼코 겹쳐 2코 모아뜨기'하고 5[6]코 겉뜨기, 오른코 겹쳐 2코 모아뜨기로 뜬 다음 마커 넘기기를 8번 반복한다. 총 56[64]코가 된다.

26·27·28단 : 56[64]코를 가지고 겉뜨기를 한다.

29단 : 처음 2코를 '왼코 겹쳐 2코 모아뜨기'하고 3[4]코를 겉뜨기, 오른코 겹쳐 2코 모아뜨기로 뜬 다음 마커 넘기기를 8번 반복한다. 총 40[48]코가 된다.

30·31·32단 : 40[48]코를 가지고 겉뜨기를 한다.

33단 : 처음 2코를 '왼코 겹쳐 2코 모아뜨기'하고 1[2]코를 겉뜨기, 오른코 겹쳐 2코 모아뜨기로 뜬 다음 마커 넘기기를 8번 반복한다. 총 24[32]코가 된다.

34·35·36단 : 24[32]코를 가지고 겉뜨기를 한다.

37단 : 2코를 한꺼번에 겉뜨기하는 '왼코 겹쳐 2코 모아뜨기'를 12[16]번 반복한다. 총 12[16]코가 된다.

38단 : 2코를 한꺼번에 겉뜨기하는 '왼코 겹쳐 2코 모아뜨기'를 6[8]번 반복한다. 총 6[8]코가 된다.

【 마무리(아이코드뜨기) 】

아이코드는 적은 콧수를 가지고 원통뜨기로 겉뜨기만 계속해서 끈처럼 만드는 것을 의미한다. 보통은 3코를 가지고 겉뜨기한 뒤 다시 왼쪽 바늘에 옮겨 겉뜨기를 반복한다. 하지만 여기서는 콧수가 6[8]코이니 해왔던 것처럼 메리야스 원통뜨기를 한다고 생각하는 것이 이해하는 데 도움이 될 것이다.

3.5mm 짧은 막대바늘(장갑바늘) 3개로 작업하는 것이 편하다. 6[8]코를 가지고 아이코드를 3cm 정도 뜨고 실을 여유 있게 자른다. 그다음 돗바늘에 연결해 떴던 방향대로 코를 돗바늘로 두어 번 통과시키고 안으로 숨겨서 마무리한다.

스탠더드 스크런치
Standard Knitted Scrunchie

돗바늘로 뜨개바탕을 잇는 방법을 익힐 수 있는 스크런치입니다. 실이나 게이지에 구애받지 않고 자유롭게 원하는 실과 그에 맞는 바늘로 만드는 것을 추천해요. 콧수를 많이 잡을수록 주름이 많이 지는 스크런치가 되고, 단수를 길게 뜰수록 폭이 큰 스크런치가 되므로 각자 취향에 맞춰 가감하면 됩니다.

스탠더드 스크런치
Standard Knitted Scrunchie

실 산네스 간 더블선데이 (3553 더스티 루즈) 1볼　　**게이지** 메리야스뜨기(4mm 대바늘) 21코×27단
대바늘 4mm　　**사이즈** 완성 시 폭 약 6cm

【 메리야스뜨기(평뜨기) 】

4mm 대바늘을 이용해 80코 또는 원하는 콧수를 잡아서 홀수 단은 겉뜨기, 짝수 단은 안뜨기를 계속 이어가는 메리야스뜨기를 12cm 또는 원하는 길이만큼 뜬다. 마지막은 짝수 단까지 뜬 상태여야 한다. 그다음 홀수 단을 뜰 때 겉뜨기를 하면서 덮어씌워 코막음을 하고, 실은 뜬 뜨개바탕 폭의 4배를 남기고 자른다.

【 돗바늘로 코와 코 잇기 】

돗바늘에 4배 정도 남겨놓은 실을 연결해 뜨개바탕의 위아래를 코와 코 잇기로 잇는다. 다 잇고 나면 빨대같이 기다란 원통 모양이 된다. 설명을 돕기 위해 사진에는 다른 컬러의 실로 이었는데 실제로 뜰 때는 같은 컬러의 실로 작업한다.

【 고무줄 넣기 】

원하는 길이에서 여유분을 더해 자른 고무줄을 스크런치에 넣어 묶는다. 사진과 같이 고무줄을 넣어 원하는 둘레로 묶은 뒤 풀리지 않을 정도로만 남기고 자투리 고무줄은 자른다.

【 돗바늘로 단과 단 잇기 】

원통 둘레의 2~3배 실을 잘라 돗바늘에 연결하고 원통의 끝과 끝을 단과 단 잇기로 잇는다. 설명을 돕기 위해 사진에는 다른 컬러의 실로 이었지만 실제로 뜰 때는 같은 컬러의 실로 작업한다.

How to knit

목파임하기

다운 탑으로 대바늘 뜨개를 할 때 목파임하는 방법입니다. 여기서는 심플 크롭 베스트 앞판의 목파임 기호도(→P.60)를 바탕으로 설명하겠습니다. 앞판 기호도의 S:22단[M:24단/L:28단]까지 뜨고 목파임을 시작하는 S:23단[M:25단/L:29단]부터 기호도의 초록색 화살표를 따라 오른쪽 어깨를 뜹니다. 다시 말해 기호도의 빨간색 부분을 진행하면 됩니다.

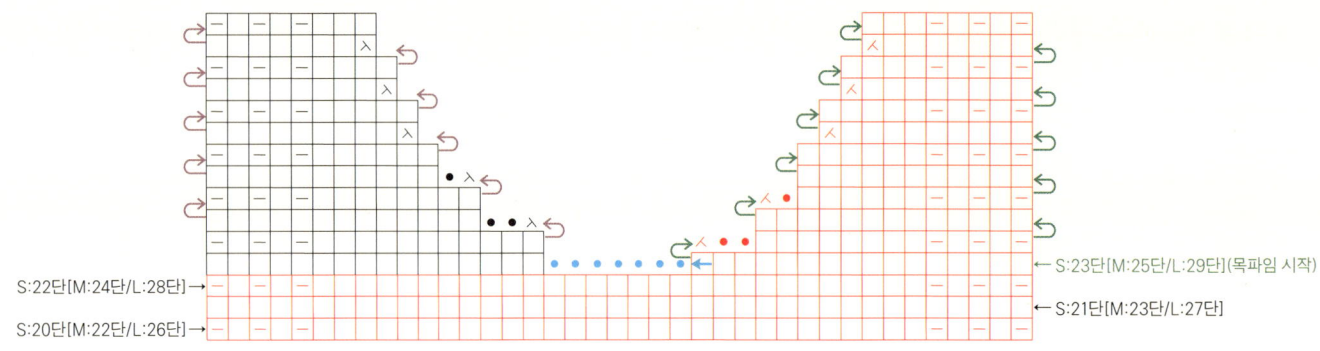

1 기호도의 오른쪽 어깨 부분을 다 뜨고 난 모습. 오른쪽 어깨를 뜨던 실은 여유 있게 남겨서 자르고 어깨핀에 옮겨둔다. 실이 여유가 있다면 어깨너비의 3.5~4배를 남기고 자르는 것도 좋다.

• How to knit •

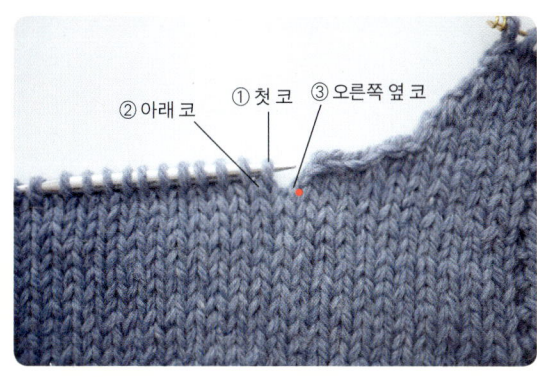

2 기호도의 S:23단[M:25단/L:29단]에서 남은 코를 가지고 왼쪽 어깨를 뜬다. 대바늘은 사진을 따라 오른쪽으로 바늘 팁이 오도록 위치하고 오른쪽에서 첫 코부터 새 실을 연결해 기호도의 S:23단[M:25단/L:29단] 덮어씌워 코막음 7코(파란색)부터 뜬다. 이때 좀 더 예쁘게 연결하기 위해 ① 바늘에 걸린 오른쪽 첫 코의 ② 아래 코(V 모양)의 ③ 오른쪽 옆 코(V 모양)에서 코 1개를 줍는다. 사진의 빨간 점에서 주우면 된다.
※이해를 돕기 위해 사진은 다른 컬러의 실로 왼쪽 어깨 뜨기를 했습니다. 실제 작업은 같은 컬러로 합니다.

3 1코를 줍고 원래의 첫 코를 겉뜨기한다. 기호도의 7코 덮어씌워 코막음하는 것은 이 첫 코부터 시작이다. 결과적으로는 주운 코를 포함해서 8코를 코막음하게 된다.

4 주운 코를 원래의 첫 코에 덮어씌워서 코막음한다. 이제부터 겉뜨기를 하며 7코를 코막음한다.

5 7코를 코막음하고 왼쪽 어깨를 진행한다. 다 뜨고 나면 오른쪽 어깨와 마찬가지로 실을 여유 있게 잘라서 어깨핀에 옮겨둔다.

평뜨기와 원통뜨기를 번갈아 사용해 만드는 심플한 크롭 베스트입니다. 굵은 실과 바늘을 사용하기 때문에 빠르게 완성할 수 있어 초보자에게 입문용으로 추천합니다. 스웨터의 목파임하는 방법과 어깨 잇기를 배울 수 있는 도안으로 스웨터를 뜨는 데 필요한 기법을 익힐 수 있습니다.

심플 크롭 베스트
Simple Crop Vest

실 하마나카 오브코스빅 (116) S:6볼[M:6볼/L:6볼]
대바늘 8mm
게이지 무늬뜨기(8mm 대바늘) 12코×16단, 메리야스뜨기(8mm 대바늘) 11코×15단

사이즈 총길이 S:46cm[M:47cm/L:48cm], 가슴 단면 S:48cm[M:50cm/L:53cm]

S사이즈[M사이즈/L사이즈] 표기

【 밑단(평뜨기) 】

밑단은 트임으로 만들기 위해 앞 밑단과 뒤 밑단을 각각 따로 평뜨기로 떠서 준비한다. 8mm 대바늘을 이용해 뒤판 밑트임을 먼저 뜬다. 여유 있게 실을 자르고 8mm 대바늘의 여유분이 없으면 다른 실이나 더 가는 바늘에 옮겨둔다. 그다음 8mm 대바늘로 앞판 밑트임을 뜬다. 이때 앞판 밑트임에 달린 실을 자르지 않고 이어서 다음 단계의 원통뜨기를 진행한다.

뒤판 밑트임

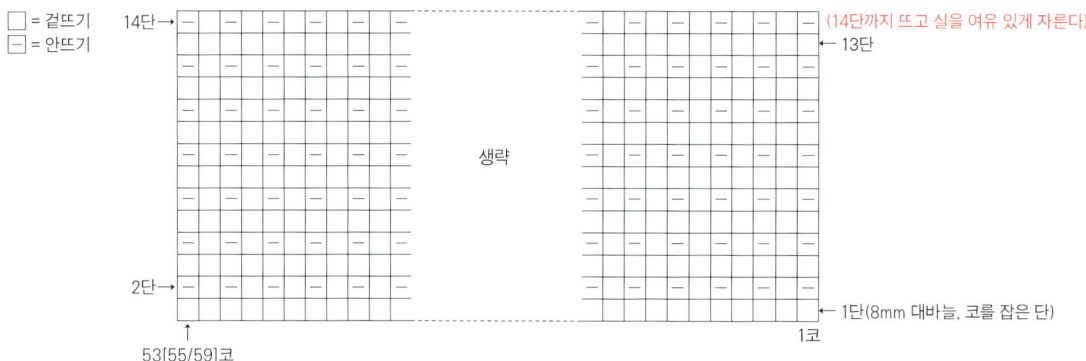

1단 : 8mm 대바늘로 53[55/59]코를 만든다.
2단 : '겉뜨기 1코, 안뜨기 1코'를 반복하다가 1코 남았을 때 겉뜨기를 1코 한다.
(**3~14단** : 매 단의 겉뜨기 첫 코는 실을 바늘 뒤에 둔 상태에서 겉뜨기 방향으로 오른쪽 바늘을 넣어 뜨지 않고 왼쪽 바늘에서 오른쪽 바늘로 넘긴다.)
3단 : 겉뜨기한다.
4단 : '겉뜨기 1코, 안뜨기 1코'를 반복하다가 1코 남았을 때 겉뜨기를 1코 한다.
5~14단 : 홀수 단은 3단과 동일하게, 짝수 단은 4단과 동일하게 진행한다.
여기까지 뜨고 실을 여유 있게 풀리지 않을 정도로만 자른다. 8mm 대바늘의 여분이 없다면 8mm보다 가는 바늘이나 실에 옮겨둔다. 8mm 대바늘이 더 있다면 굳이 옮겨둘 필요는 없다.

앞판 밑트임

1단 : 8mm 대바늘로 53[55/59]코를 만든다.
2단 : '겉뜨기 1코, 안뜨기 1코'를 반복하다가 1코 남았을 때 겉뜨기를 1코 한다.
(3~10단 : 매 단의 겉뜨기 첫 코는 실을 바늘 뒤에 둔 상태에서 겉뜨기 방향으로 오른쪽 바늘을 넣어 뜨지 않고 왼쪽 바늘에서 오른쪽 바늘로 넘긴다.)
3단 : 겉뜨기한다.
4단 : '겉뜨기 1코, 안뜨기 1코'를 반복하다가 1코 남았을 때 겉뜨기를 1코 한다.
5~10단 : 홀수 단은 3단과 동일하게, 짝수 단은 4단과 동일하게 진행한다.
여기까지 뜨고 실을 자르지 않은 상태에서 다음으로 넘어간다.

【 몸판(원통뜨기) 】

떠놓은 앞·뒤판 밑트임 모두 앞면을 보며 뜰 차례가 되도록 준비하고, 떠놓은 앞판 밑트임을 그대로 이어 기호도의 1단을 뜬 다음 오른손에 잡는다. 떠놓은 뒤판 밑트임을 왼손에 잡은 상태에서 기호도의 1단을 반복한다. 이렇게 하면 앞판 밑트임과 뒤판 밑트임이 이어지게 된다.
2단은 원통뜨기가 되도록 뒤판 밑트임의 볼 실이 달린 끝부분과 앞판 밑트임의 시작 부분이 이어지게 준비한다. 기호도대로 2단을 2번 반복해 원통뜨기하면 된다. 총 106[110/118]코가 된다. 이렇게 원통뜨기한 단에 기호도를 2번씩 반복하며 총 22단까지 진행한다.

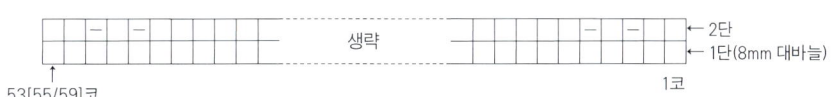

1단 : 앞판 밑트임을 53[55/59]코까지 겉뜨기하고 이어서 뒤판 밑트임도 53[55/59]코까지 겉뜨기한다. 총 106[110/118]코가 된다.
1단에서 앞판 밑트임과 뒤판 밑트임을 일렬로 잇고 2단에서 끝과 끝을 이어 원통으로 만들어 들어간다.
2단 : 앞판 밑트임 부분인 53[55/59]코에서 '겉뜨기 2코, 안뜨기 1코, 겉뜨기 1코, 안뜨기 1코'를 뜨고 5코가 남을 때까지 겉뜨기한다. 남은 5코(안뜨기 1코, 겉뜨기 1코, 안뜨기 1코, 겉뜨기 2코)도 뜬다. 그다음 뒤판 밑트임 부분인 53[55/59]코도 동일하게 반복한다.
3단 : 106[110/118]코까지 겉뜨기를 한다.
4~22단 : 홀수 단은 3단과 동일하게, 짝수 단은 2단과 동일하게 진행한다.

【 앞판(평뜨기) 】

앞판의 53[55/59]코, 뒤판의 53[55/59]코로 나눠서 뒤판의 53[55/59]코는 다른 실이나 바늘에 옮겨둔다. 먼저 앞판의 53[55/59]코를 기호도대로 뜬다.

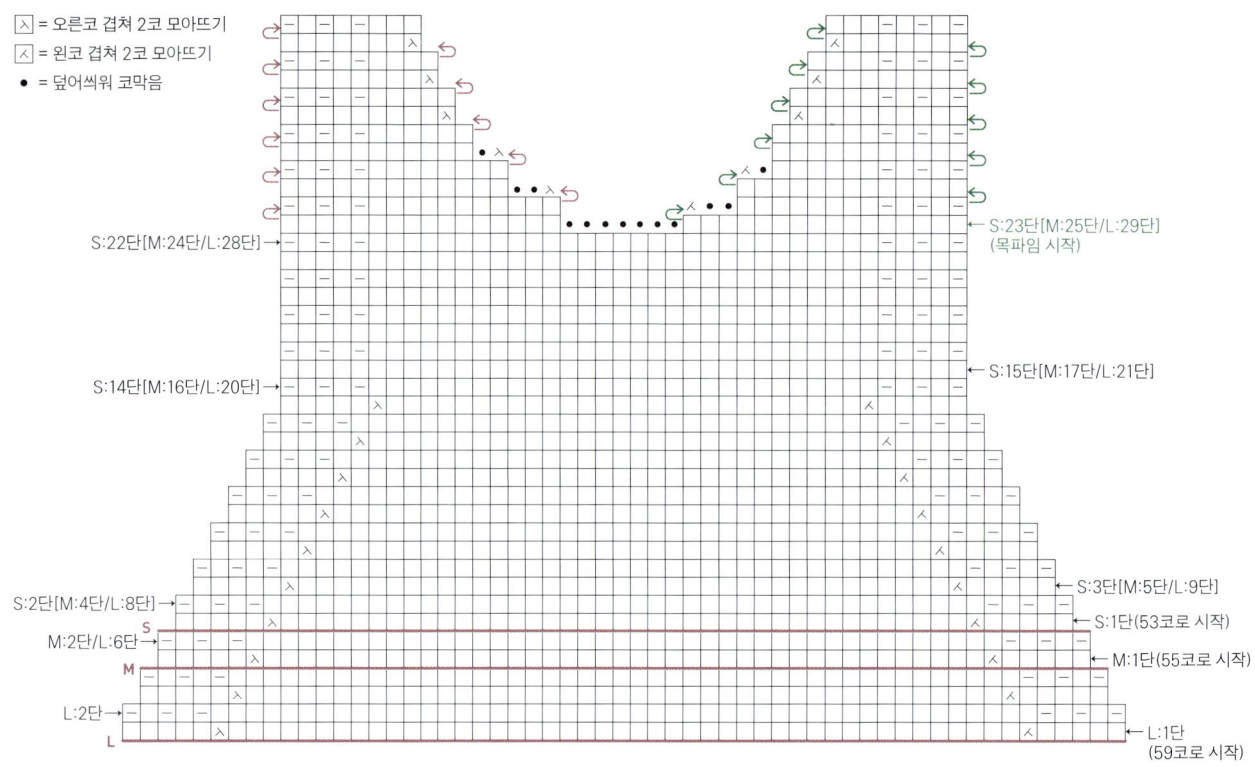

선택한 사이즈의 시작 위치를 잘 확인한 다음 앞판의 53[55/59]코를 기호도대로 진행한다.

2단부터 매 단의 겉뜨기 첫 코는 실을 바늘 뒤에 둔 상태에서 겉뜨기 방향으로 오른쪽 바늘을 넣어 뜨지 않고 왼쪽 바늘에서 오른쪽 바늘로 넘긴다. 이는 목파임을 할 때도 팔 쪽은 계속 걸러뜨기한다. 단, 목파임을 하는 목 쪽은 예외다.

시작(1단)부터 14[16/20]단까지 다음과 같이 진동둘레(암홀) 줄이기를 한다. 이렇게 하면 총 39코가 된다.
  홀수 단 : 겉뜨기 5코, 왼코 겹쳐 2코 모아뜨기, 7코 남을 때까지 겉뜨기, 오른코 겹쳐 2코 모아뜨기, 겉뜨기 5코(2코가 줄어든다)
  짝수 단 : '겉뜨기 1코, 안뜨기 1코, 겉뜨기 1코, 안뜨기 1코, 겉뜨기 1코', 5코 남을 때까지 안뜨기, '겉뜨기 1코, 안뜨기 1코, 겉뜨기 1코, 안뜨기 1코, 겉뜨기 1코'

15[17/21]단부터 22[24/28]단까지 코 줄이기 없이 다음과 같이 진행한다.
  홀수 단 : 겉뜨기
  짝수 단 : '겉뜨기 1코, 안뜨기 1코, 겉뜨기 1코, 안뜨기 1코, 겉뜨기 1코', 5코 남을 때까지 안뜨기, '겉뜨기 1코, 안뜨기 1코, 겉뜨기 1코, 안뜨기 1코, 겉뜨기 1코'

이렇게 반복하고 23[25/29]단부터 목파임에 들어간다. 목파임을 뜨고 양어깨 부분인 8코씩은 실이 풀리지 않을 정도로 여유 있게 자른다. 이때 코는 막지 않고 별실이나 어깨핀을 이용해 풀리지 않게 옮겨둔다.

【 뒤판(평뜨기) 】

뒤판의 53[55/59]코를 기호도대로 뜬다. 14[16/20]단까지 뜨는 진동둘레 줄이기는 앞판과 동일하게 진행한다.

15[17/21]단부터 30[32/36]단까지 코 줄이기 없이 다음과 같이 진행한다.

홀수 단 : 겉뜨기를 한다.

짝수 단 : '겉뜨기 1코, 안뜨기 1코, 겉뜨기 1코, 안뜨기 1코, 겉뜨기 1코', 5코 남을 때까지 안뜨기, '겉뜨기 1코, 안뜨기 1코, 겉뜨기 1코5, 안뜨기 1코, 겉뜨기 1코'

이렇게 반복하고 31[33/37]단부터 목파임에 들어간다.

목파임을 뜨고 양어깨 부분인 8코씩은 실은 앞판과 다르게 어깨너비(8코 분)의 4배를 남기고 자른다. 이때 코는 막지 않고 별실이나 어깨핀을 이용해 풀리지 않게 옮겨둔다.

⅄ = 오른코 겹쳐 2코 모아뜨기
⅄ = 왼코 겹쳐 2코 모아뜨기
● = 덮어씌워 코막음

【 어깨 잇기, 목둘레 뜨기(원통뜨기) 】

뜨개바탕의 뒷면(속)이 겉으로 나오게 뒤집고 앞판이 위로 올라오게 둔다. 뜨고 있던 8mm 줄바늘 외에 여분의 8mm 줄바늘 혹은 더 가는 줄바늘을 준비하여 어깨 잇기를 한다.

8mm 대바늘로 목둘레에서 60코 또는 짝수 코를 주워서 원통뜨기로 '겉뜨기 1코, 안뜨기 1코 번갈아 뜨는 1코 고무뜨기'를 4단 뜬 다음 겉뜨기는 겉뜨기로 안뜨기는 안뜨기로 하면서 덮어씌워 코막음한다.

심플 크롭 베스트 카디건
Simple Crop Vest Cardigan

심플 크롭 베스트와 비슷한 디자인의 베스트 카디건입니다. 평뜨기로만 하고 초보자를 위해 진동둘레나 목둘레도 몸판을 뜨며 같이 진행하므로 비교적 쉽게 만들 수 있습니다. 추운 날 실내에서 편하고 요긴하게 쓸 만한 베스트 카디건이 필요할 때가 있더라고요. 그럴 때 유용하게 걸칠 수 있는 심플한 베스트 카디건입니다.

심플 크롭 베스트 카디건
Simple Crop Vest Cardigan

실 하마나카 오브코스빅 (103) S:6볼[M:7볼/L:8볼]
대바늘 8mm
게이지 무늬뜨기(8mm 대바늘) 12코×16단, 메리야스뜨기(8mm 대바늘) 11코×15단

사이즈 총길이 S:50cm[M:51cm/L:52cm], 가슴 단면 S:49cm[M:51cm/L:53cm]

S사이즈[M사이즈/L사이즈] 표기

【 밑단(평뜨기) 】

진동둘레 파임 전까지 앞면(홀수 단을 뜨면서 보는 면)에서 봤을 때 '오른쪽 앞판→뒤판→왼쪽 앞판' 순으로 통으로 평뜨기를 한다. 117[121/125]코를 원하는 방법으로 만들어 밑단을 뜨고 이어서 몸판까지 진행한다.

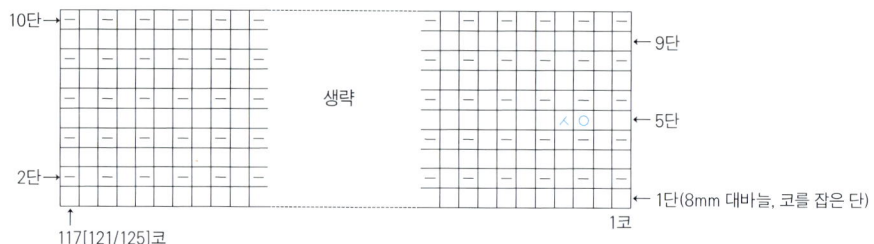

1단 : 8mm 대바늘로 117[121/125]코를 만든다.
2단 : '겉뜨기 1코, 안뜨기 1코'를 반복하다가 1코 남았을 때 겉뜨기를 1코 한다.
(**3~10단** : 매 단의 겉뜨기 첫 코는 실을 바늘 뒤에 둔 상태에서 겉뜨기 방향으로 오른쪽 바늘을 넣어 뜨지 않고 왼쪽 바늘에서 오른쪽 바늘로 넘긴다.)
3단 : 겉뜨기를 한다.
4단 : '겉뜨기 1코, 안뜨기 1코'를 반복하다가 1코 남았을 때 겉뜨기를 1코 한다.
5단 : 단춧구멍을 만든다. 겉뜨기를 2코 뜨고 실을 앞에 둔 상태(바늘비우기)에서 왼코 겹쳐 2코 모아뜨기를 하고 나머지 코들은 계속 겉뜨기를 한다.
6~10단: 홀수 단은 3단과 동일하게, 짝수 단은 4단과 동일하게 진행한다.
여기까지 뜨면 몸판을 뜰 차례다.

【 몸판(평뜨기) 】

밑단 117[121/125]코에 이어서 몸판을 뜬다. 기호도의 1·2단을 14번 반복해 총 28단을 만든다.

(1~28단 : 매 단의 겉뜨기 첫 코는 실을 바늘 뒤에 둔 상태에서 겉뜨기 방향으로 오른쪽 바늘을 넣어 뜨지 않고 왼쪽 바늘에서 오른쪽 바늘로 넘긴다.)

1단 : 겉뜨기를 한다.
2단 : 처음 7코(겉뜨기 1코, 안뜨기 1코, 겉뜨기 1코, 안뜨기 1코, 겉뜨기 1코, 안뜨기 1코, 겉뜨기 1코), 7코가 남을 때까지 안뜨기, 남은 7코(겉뜨기 1코, 안뜨기 1코, 겉뜨기 1코, 안뜨기 1코, 겉뜨기 1코, 안뜨기 1코, 겉뜨기 1코)
3~28단 : 홀수 단은 1단과 동일하게, 짝수 단은 2단과 동일하게 진행한다.
11단·27단 : 단춧구멍을 만드는 단. 밑단 뜨기에서 단춧구멍을 만들었던 5단과 동일하게 뜬다.

여기까지 뜨고 '31[32/33]코, 55[57/59]코, 31[32/33]코' 이렇게 세 부분으로 나눠서 뜨개바탕 앞면을 보았을 때 제일 오른쪽 31[32/33]코를 가지고 오른쪽 앞판을 뜬다. 이때 '55[57/59]코, 31[32/33]코'는 다른 바늘이나 실에 옮겨둔다.

【 오른쪽 앞판(평뜨기) 】

'31[32/33]코, 55[57/59]코, 31[32/33]코' 이렇게 세 부분으로 나눠서 뜨개바탕 앞면을 보았을 때 오른쪽 '31[32/33]코'를 가지고 몸판을 뜨던 실로 기호도를 따라서 오른쪽 앞판을 뜬다. 이때 '55[57/59]코, 31[32/33]코'는 다른 바늘이나 실에 옮겨둔다. 왼코 겹쳐 2코 모아뜨기, 오른코 겹쳐 2코 모아뜨기에 주의하며 기호도대로 뜬다. 매 단의 첫 코는 겉뜨기 방향으로 뜨지 않고 넘긴다. 마지막 단인 S:36단[M:38단/L:40단]을 뜨고 나서 실은 안 풀릴 정도로 여유 있게 남기고 자른다.

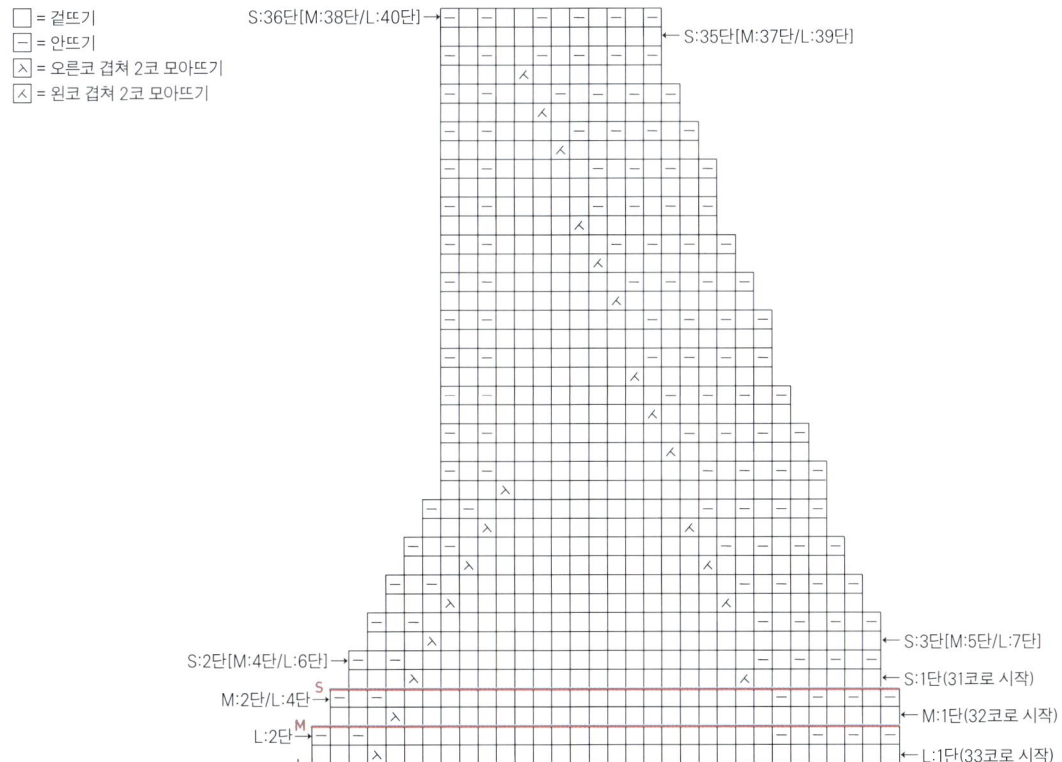

【 왼쪽 앞판(평뜨기) 】

'31[32/33]코, 55[57/59]코, 31[32/33]코' 중에서 뜨개바탕 앞면을 보았을 때 왼쪽 '31[32/33]코'를 가지고 왼쪽 앞판을 뜬다. 왼코 겹쳐 2코 모아뜨기, 오른코 겹쳐 2코 모아뜨기에 주의하며 기호도대로 뜬다. 매 단의 첫 코는 겉뜨기 방향으로 뜨지 않고 넘긴다. 마지막 단인 S:36단[M:38단/L:40단]을 뜨고 나서 실은 어깨너비의 4배를 남기고 자른다(이 4배 남긴 실로 왼쪽 어깨 잇기를 한다).

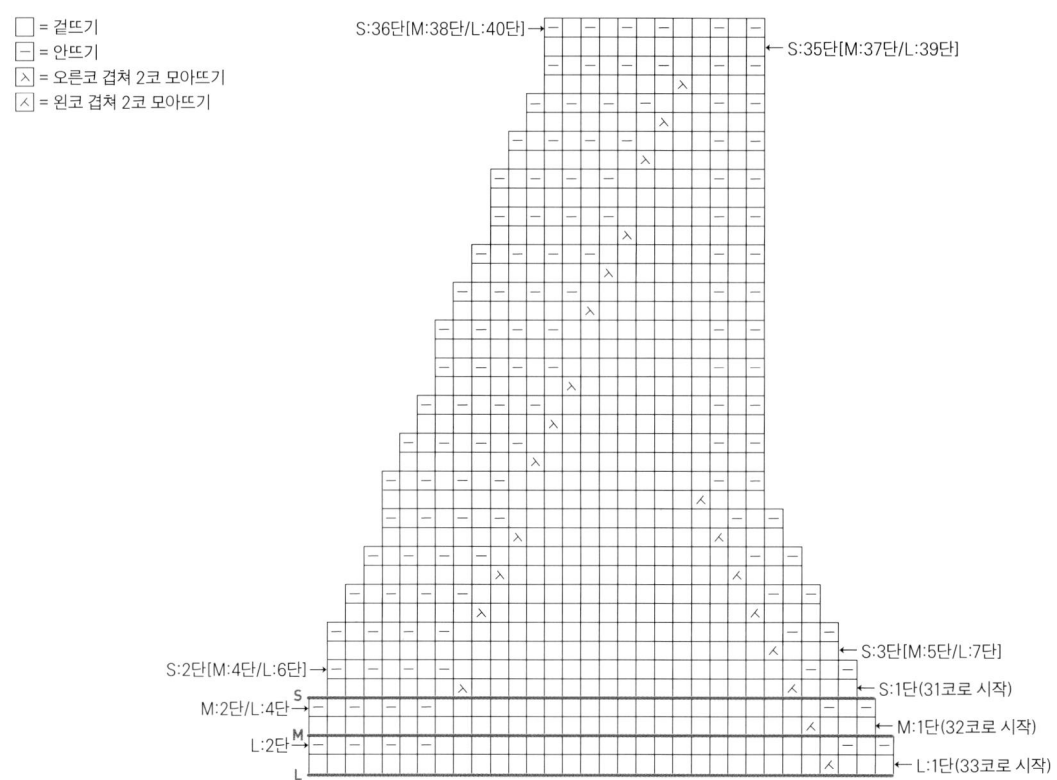

【 뒤판(평뜨기) 】

'31[32/33]코, 55[57/59]코, 31[32/33]코' 중에서 뜨개바탕 앞면을 보았을 때 가운데 '55[57/59]코'를 가지고 뒤판을 뜬다. 왼코 겹쳐 2코 모아뜨기, 오른코 겹쳐 2코 모아뜨기에 주의하며 기호도대로 뜬다. 새 실을 가져다가 1단을 뜨고 2단부터 매 단의 첫 코는 겉뜨기 방향으로 뜨지 않고 넘긴다. S:36단[M:38단/L:40단]에서 12코를 뜨고 19코를 덮어씌워 코막음한 다음 12코를 기호도대로 진행한다. 여기까지 뜨면 실은 오른쪽 어깨 끝에 달리게 되는데 어깨너비의 4배를 남기고 자른다.

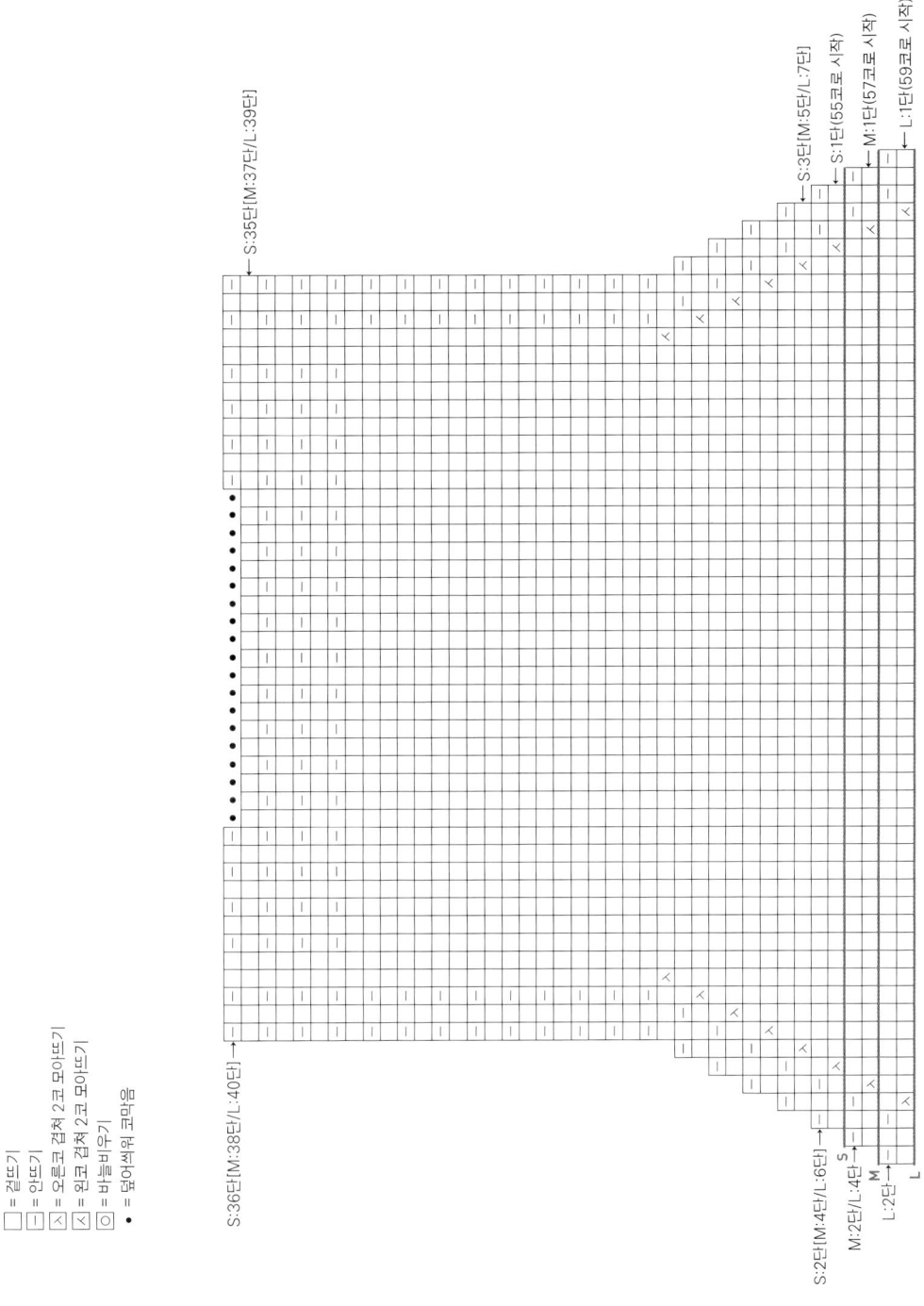

【 마무리 】

뜨개바탕의 뒷면이 겉으로 나오게 하고 뒤판은 아래, 앞판(2장)은 위로 오게 겹친 다음 오른쪽 어깨와 왼쪽 어깨를 각각 잇는다. 오른쪽 앞판의 단춧구멍(3개) 위치에 맞춰서 왼쪽 앞판에 단추를 단다.

래글런 퀼팅 풀오버
Raglan Quilting Pullover

겉뜨기·안뜨기만으로 퀼팅 모양을 만들며 다운 탑으로 뜨는 래글런 풀오버입니다. 겉뜨기와 안뜨기만으로 만들기 때문에 초보자도 만들기 어렵지 않습니다. 보디와 소매 둘 다 원통으로 고무단부터 뜨다가 진동둘레부터 래글런 라인을 만들며 평뜨기를 합니다. 보디와 소매(2장)를 뜨고 돗바늘을 이용해 래글런을 이은 다음 목에서 코를 주워 고무단을 뜹니다.

래글런 퀼팅 풀오버
Raglan Quilting Pullover

실 산네스 간 알파카 울 (1015 키트)+틴 실크 모헤어 (1022 라이트 그레이 멜란지) S:8볼+4볼[M:10볼+5볼/L:12볼+6볼]

대바늘 4mm, 5mm

게이지 퀼팅무늬(5mm 대바늘) 19코×24단, 메리야스뜨기(5mm 대바늘) 17코×23단

사이즈 총길이 S:53cm[M:57cm/L:61cm], 가슴 단면 S:46cm[M:51cm/L:56cm]

S사이즈[M사이즈/L사이즈] 표기

【 고무단(원통뜨기) 】

4mm 대바늘을 가지고 180[200/220]코를 만들어 원통뜨기로 '겉뜨기 2코, 안뜨기 2코'를 반복하는 '2코 고무뜨기'를 1~23단까지 뜨고 24단은 모두 겉뜨기한다. 이때 1단은 코를 잡은 단이다. 원통뜨기이므로 매 단의 오른쪽에서 왼쪽으로 시작하며 기호도의 겉뜨기, 안뜨기대로 진행한다.

1~23단은 단마다 동일하게 겉뜨기 2코로 시작해서 안뜨기 2코로 끝난다. 단, 많은 콧수를 가지고 원통뜨기를 하므로 처음 원통으로 연결해 뜰 때 뫼비우스 띠처럼 꼬이지 않도록 주의한다. 마커를 첫 코와 마지막 코 사이의 줄바늘에 걸어서 단의 시작을 표시하면 좋다.

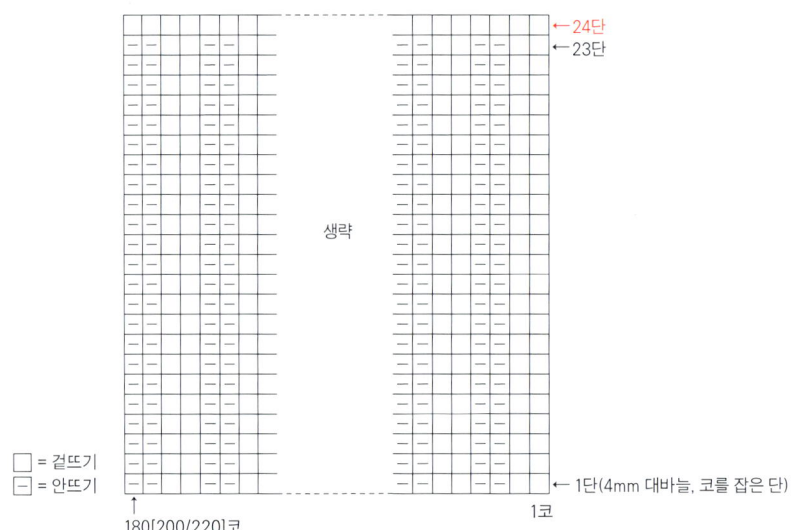

【 몸판(원통뜨기) 】

5mm 대바늘로 바꿔 기호도대로 뜬다. 단마다 기호도를 따라서 진행하는데 A파트(8코)를 뜨고 빨간색 박스 안의 B파트(10코)를 16[18/20]번 반복한 다음 C파트(12코)를 진행한다.

마지막 52단에서 첫 코부터 시작하는 85[95/105]코(뒤판)를 기호도대로 뜨고 5코 덮어씌워 코막음한다. 이 5코를 다 막으면 그다음 뜰 차례인 앞판 부분의 85[95/105]코에서 첫 코는 뜬 상태가 된다.

다시 85[95/105]코(앞판)를 기호도대로 뜨고 마지막 5코를 덮어씌워 코막음한다. 여기서도 막는 5코 중에 5번째 코인 단의 마지막 코를 막으려면, 그다음 코인 단의 1번째 코는 뜬 상태가 된다. 이 1번째 코는 뒤판 래글런 줄이기 1단의 첫 코가 된다. 즉 다음 단계인 뒤판 래글런 줄이기 1단의 첫 코까지 뜬 상태가 된다.

위에서 2번째로 뜬 85[95/105]코는 앞판이 된다. 다른 바늘이나 다른 실에 옮겨두고 1번째로 뜬 뒤판이 되는 85[95/105]코를 가지고 뒤판 래글런 줄이기를 먼저 평뜨기로 진행한다.

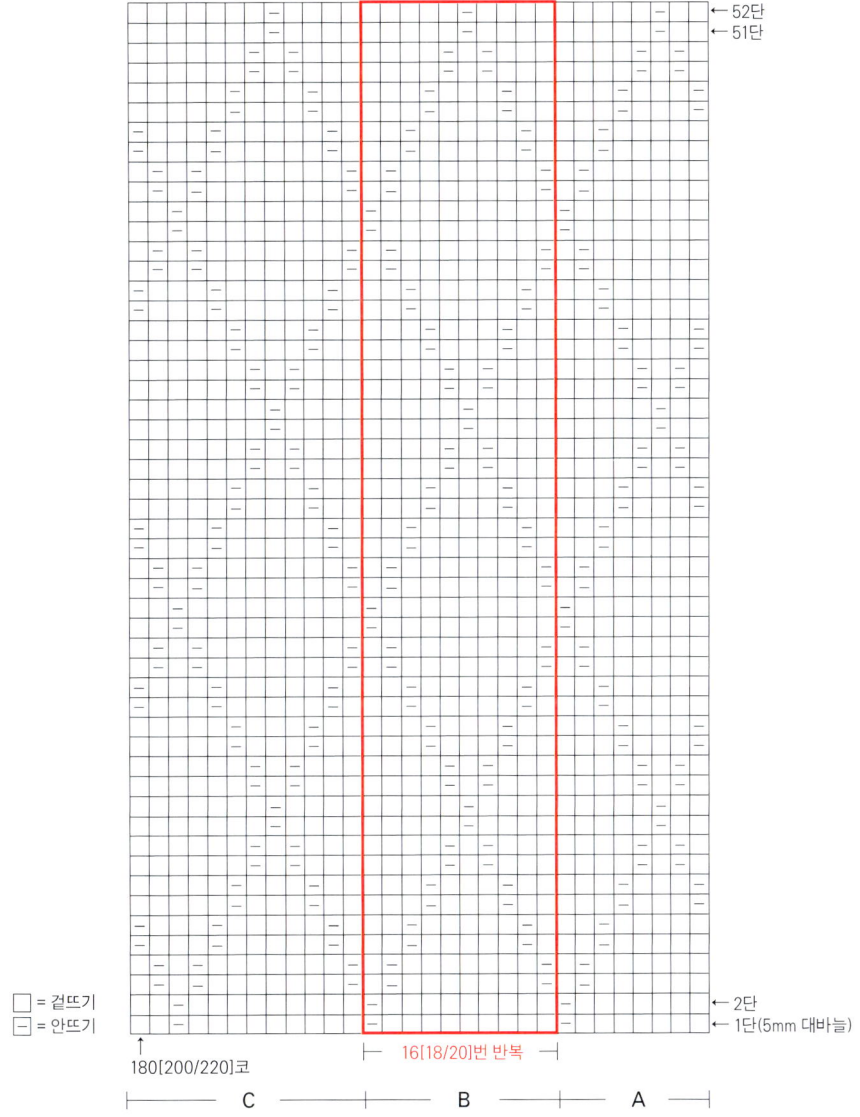

【 뒤판 래글런 줄이기(평뜨기) 】

85[95/105]코만 가지고 평뜨기로 코 줄이기를 하며 래글런 부분을 뜬다. 이때 그전 5코를 덮어씌워 코막음한 것이기 때문에 1단의 첫 코는 떠 있는 상태이므로 1단의 2번째 코부터 이어서 한다. 기호도의 빨간색 박스는 2회 반복한다.

평뜨기이므로 홀수 단은 기호도의 오른쪽에서 왼쪽 방향으로 보며 겉뜨기 기호는 겉뜨기로, 안뜨기 기호는 안뜨기로 뜨고 짝수 단은 기호도의 왼쪽에서 오른쪽 방향으로 보며 겉뜨기 기호는 안뜨기로, 안뜨기 기호는 겉뜨기로 뜬다. 단, 사이즈마다 시작 위치가 다르니 주의한다.

마지막 51[61/71]단에서 겉뜨기를 하며 덮어씌워 코막음한다.

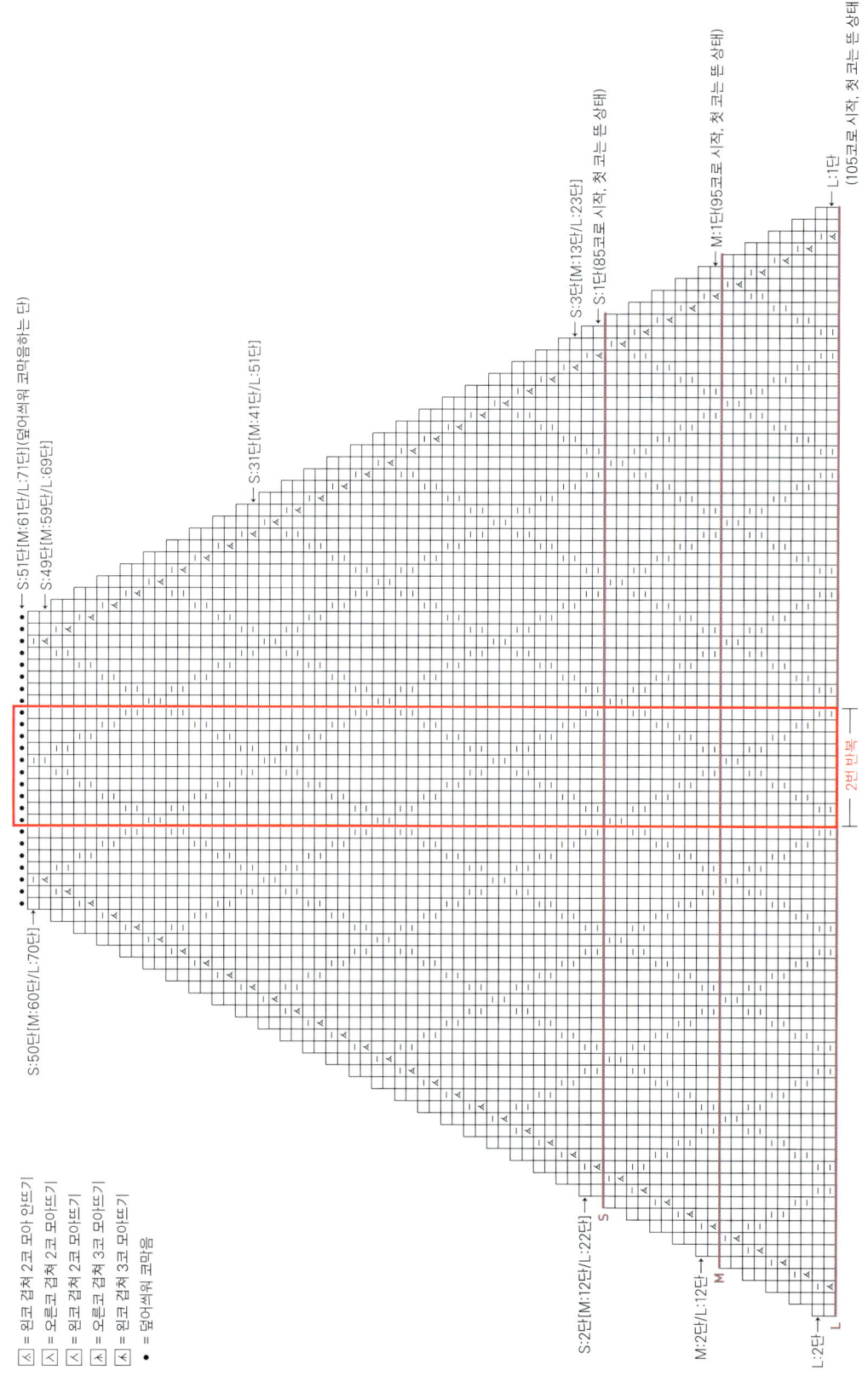

【 앞판 래글런(평뜨기) 】

별도로 옮겨놓은 85[95/105]코를 가지고 5mm 대바늘을 이용해 먼저 뜬 뒤판 래글런 줄이기 기호도를 따라서 뜨다가 S:31단[M:41단/L:51단]부터 다음의 기호도를 참고해 목파임을 한다. S:32[M:42/L:52]단까지는 뒤판 래글런 코 줄이기와 동일하며 S:33[M:43/L:53]단부터 목파임을 시작한다.

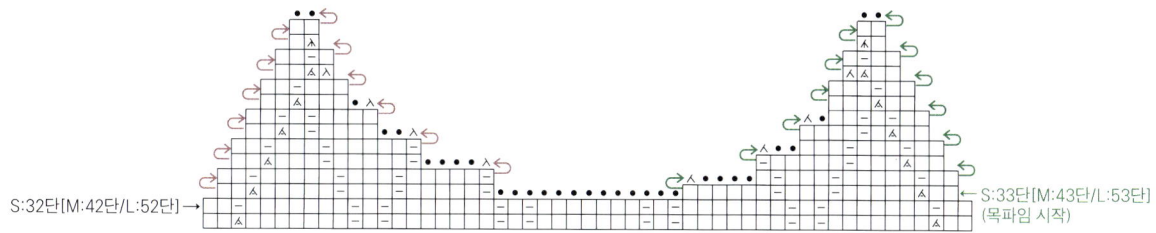

【 소매통(원통뜨기) 】

고무단부터 소매통을 뜨는 동안은 원통뜨기를 하다가 레글런 줄이기부터 평뜨기를 한다. 고무단부터 소매통까지는 소매 2장을 동일하게 뜨며, 소매 레글런 줄이기는 왼쪽 소매 레글런 줄임 기호도와 오른쪽 소매 레글런 줄이기 기호도를 따라 대칭이 되도록 한다.

4mm 대바늘을 이용해 52[52/56]코를 만들고(1단이 된다) 몸판 고무단을 떴던 것처럼 원통뜨기로 겉뜨기 2코, 안뜨기 2코를 반복하는 '2코 고무뜨기'를 2~23단까지 뜨고 24단은 겉뜨기를 한다.

단, L사이즈는 24단을 '8코 겉뜨기, 코 늘리기(M1L과 M1R 중 원하는 방법)'×6번을 반복하고 남은 8코를 겉뜨기해서 62코로 만든다.

마커를 첫 코와 마지막 코 사이의 줄비늘에 걸어서 단의 시작을 표시하면 좋다.

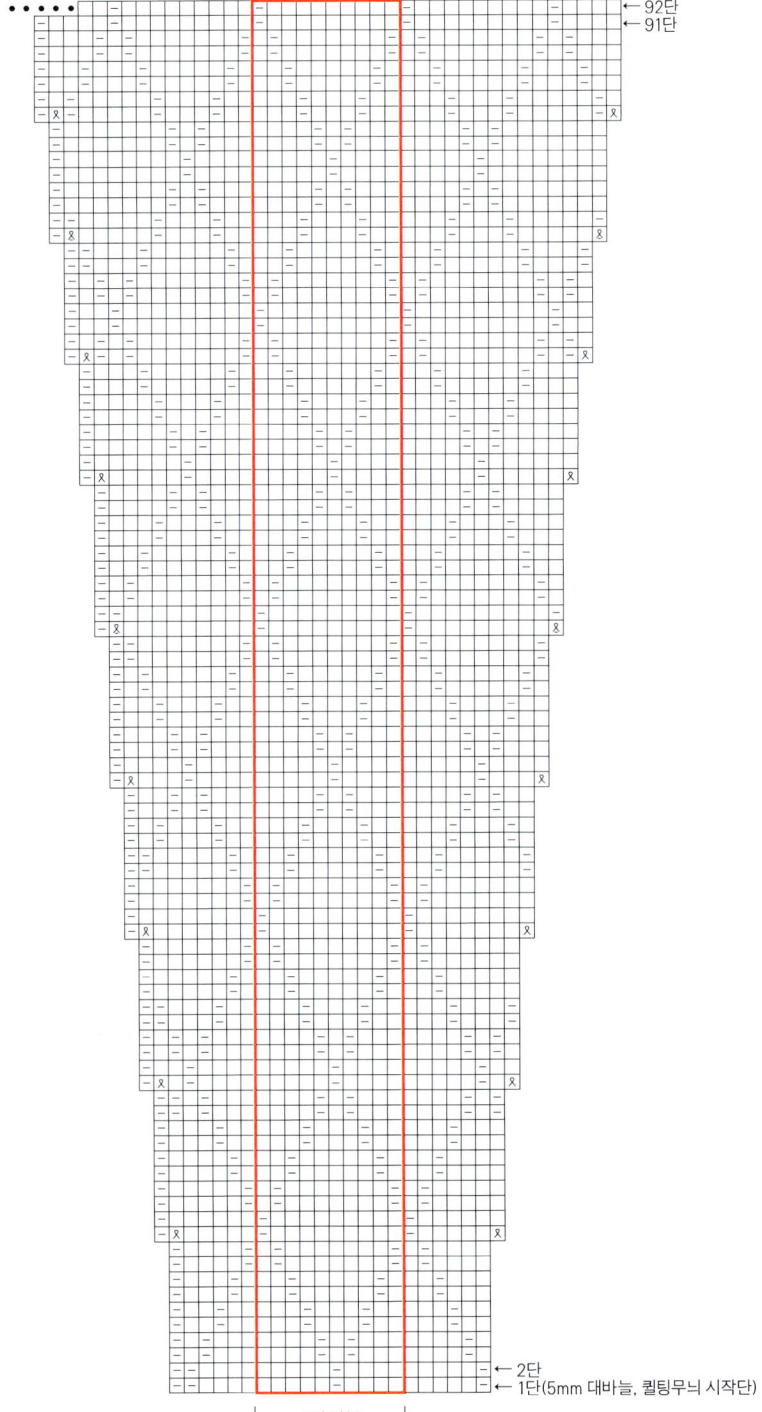

그다음 5mm 대바늘을 이용해 새로 1~91단까지 코 늘리기(M1L과 M1R 중 원하는 방법)를 하며 퀼팅무늬뜨기를 하는데 기호도의 빨간색 박스(10코)는 S:4번[M:5번/L:6번]씩 반복한다.

92단에서 마지막 3코가 남을 때까지 기호도대로 진행한 다음 남은 3코와 그다음 단의 1번째 코와 2번째 코까지 총 5코를 덮어씌워 코막음한다. 그러면 총 65[75/85]코가 되며 65[75/85]코 중 1번째 코는 뜬 상태가 된다.

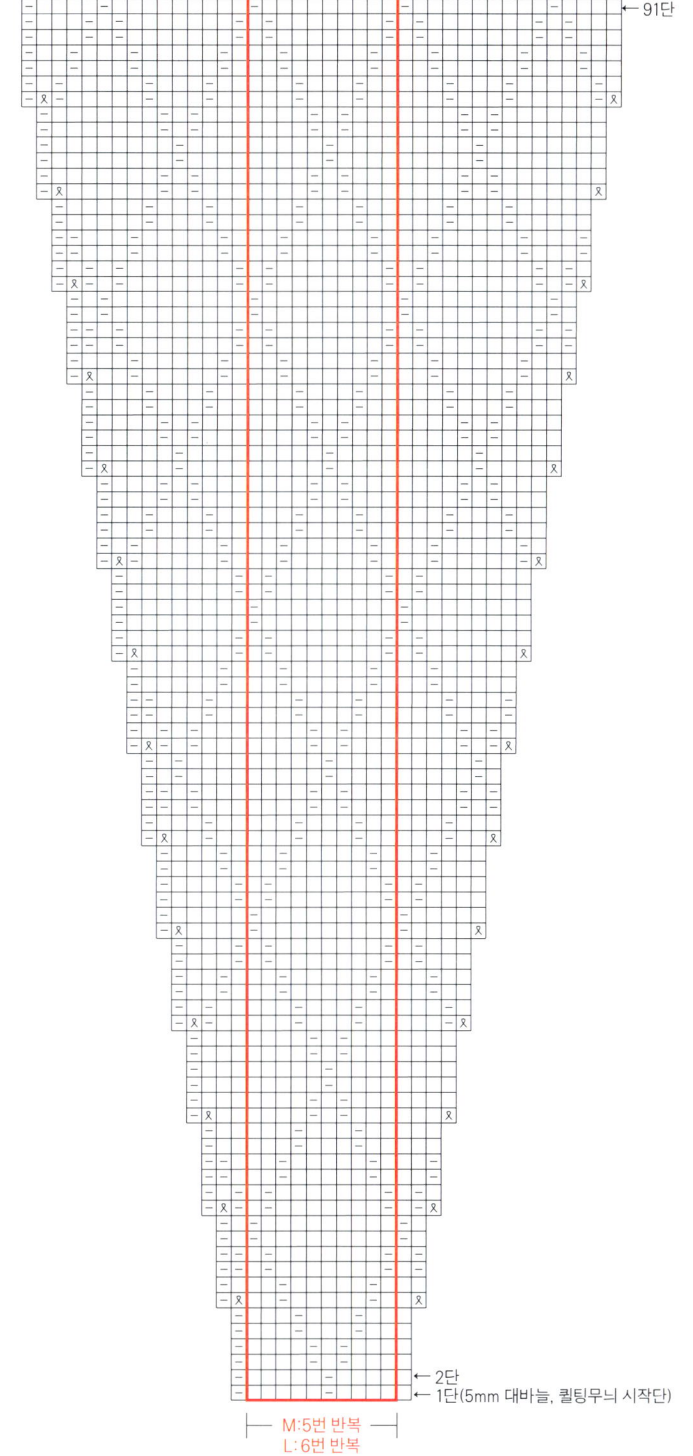

【 소매 래글런 줄이기(평뜨기) 】

소매통 뜨기를 하고 나면 65[75/85]코가 되고 65[75/85]코의 1번째 코까지 뜬 상태가 된다. 소매통 뜨기까지는 동일하게 2장을 뜨고, 이어서 다음의 기호도를 참고해 왼쪽 소매 래글런 줄이기와 오른쪽 소매 래글런 줄이기를 평뜨기로 한다. 1단에서 65[75/85]코를 가지고 1번째 코는 뜬 상태이므로 2번째 코부터 뜬다. 1단을 뜨면 총 63[73/83]코가 된다. 단, S·M·L사이즈마다 시작 위치가 다르니 주의한다.

오른쪽 소매 래글런 줄이기는 S:42단[M:52단/L:62단]까지 왼쪽 소매 래글런 줄이기 기호도대로 진행하고 S:43단[M:53단/L:63단]부터 오른쪽 소매 래글런 줄이기 기호도를 따른다.

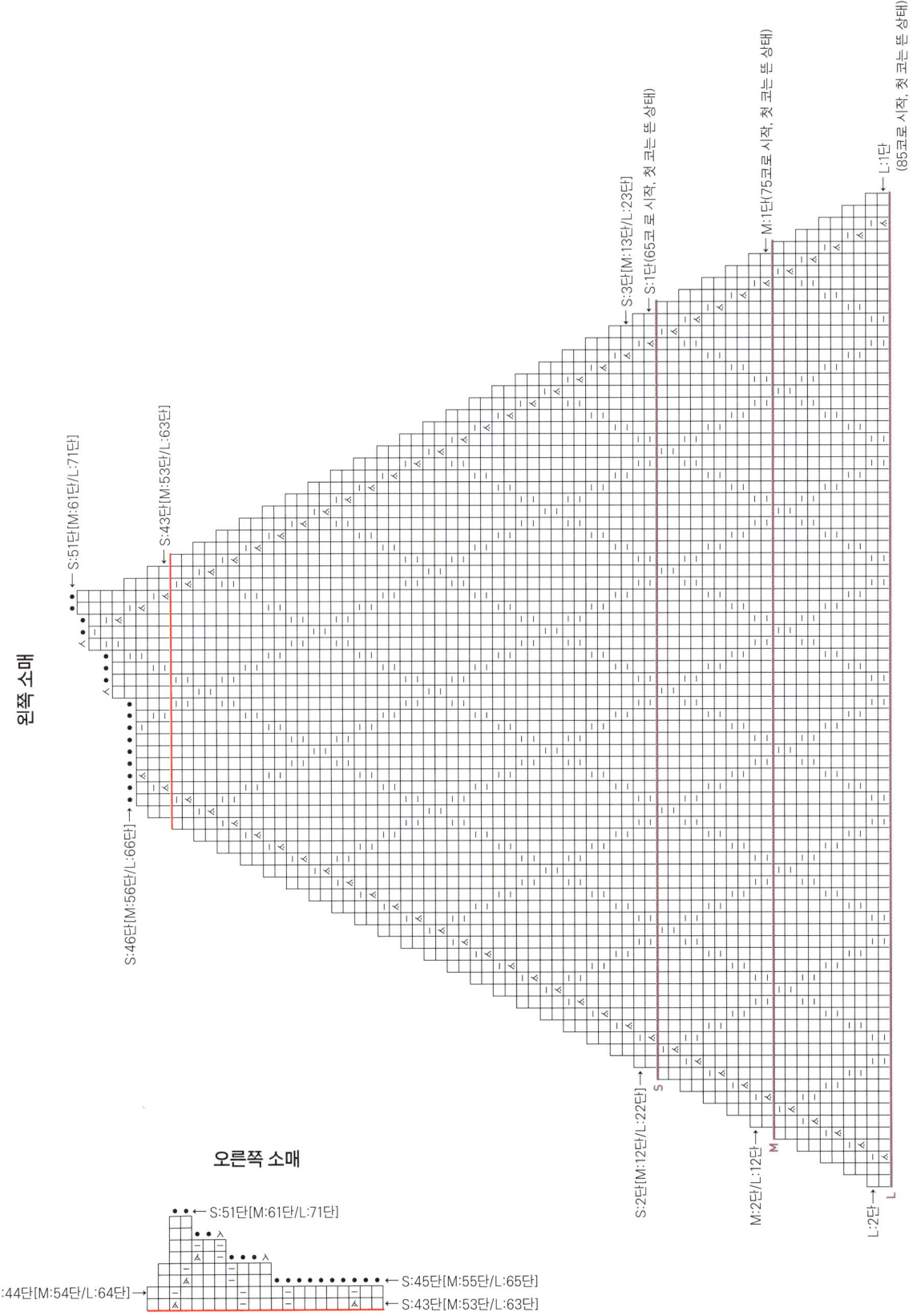

【 몸판·소매 잇기, 목 고무단 뜨기(원통뜨기) 】

돗바늘에서 모헤어 실을 빼고 알파카 울 실을 연결한다. 앞판과 오른쪽 소매의 B는 B끼리, B'는 B'끼리 잇고 뒤판과 오른쪽 소매의 A'는 A', A는 A끼리 잇는다. 다시 알파카 울 실을 돗바늘에 연결해 앞판과 왼쪽 소매의 C는 C끼리, C'는 C'끼리 잇고 뒤판과 왼쪽 소매의 D'는 D'끼리, D는 D끼리 잇는다. 이때 A'·B'·C'·D'는 코와 코를 잇는 방법으로, A·B·C·D는 단과 단을 잇는 방법(옆선 잇기)으로 잇는다.

다 잇고 나면 목둘레에서 4mm 대바늘로 '왼쪽 소매→앞판→오른쪽 소매→뒤판' 순으로 108코 혹은 4배수 콧수가 되도록 코를 줍는다. 그다음 '겉뜨기 2코, 안뜨기 2코'를 반복하는 '2코 고무뜨기'를 원통뜨기로 10단 뜨고 원하는 방식으로 코막음한다.

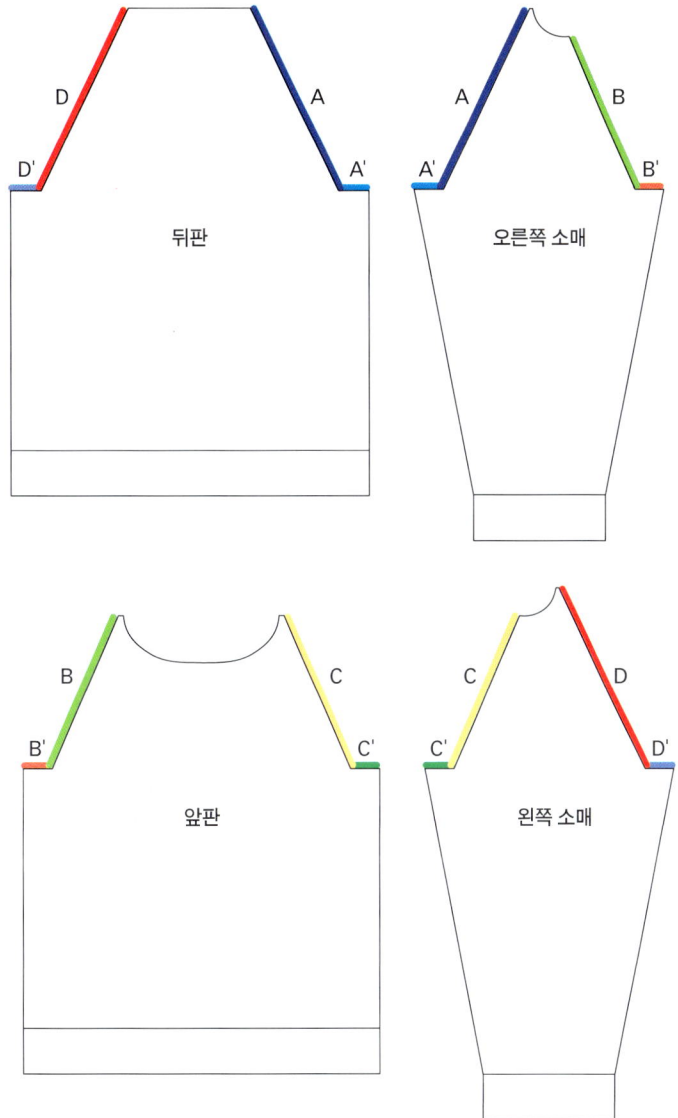

래글런 퀼팅 카디건
Raglan Quilting Cardigan

겉뜨기와 안뜨기만으로 퀼팅 모양을 만들며 다운 탑으로 뜨는 래글런 카디건입니다. 퀼팅 래글런 풀오버와 디자인은 같지만, 풀오버보다 기장이 조금 더 깁니다. 고무단부터 진동둘레 전까지 몸판은 앞·뒤판을 이어지게 통으로 뜬 뒤 진동둘레부터 뒤판과 2개의 앞판을 분리해서 각각 뜹니다. 소매는 퀼팅 래글런 풀오버와 같은데 몸판과 소매를 잇는 방법 역시 같습니다.

래글런 퀼팅 카디건
Raglan Quilting Cardigan

실 산네스 간 알파카 울 (2650 베이지 멜란지)+틴 실크 모헤어 (3021 라이트 베이지) S:9볼＋4볼[M:11볼＋5볼/L:13볼＋6볼]

대바늘 4mm, 5mm

게이지 퀼팅무늬(5mm 대바늘) 19코×24단, 메리야스뜨기(5mm 대바늘) 17코×23단

사이즈 총길이 S:57cm[M:61cm/L:65cm], 가슴 단면 S:46cm [M:51cm/L:56cm]

S사이즈[M사이즈/L사이즈] 표기

【 고무단(평뜨기) 】

1단 : 4mm 대바늘을 이용해 176[196/216]코를 만든다.

2단 : 안뜨기 3코, '겉뜨기 2코, 안뜨기 2코'를 5코 남을 때까지 반복, 겉뜨기 2코, 안뜨기 3코

3단 : 겉뜨기 3코, '안뜨기 2코, 겉뜨기 2코'를 5코 남을 때까지 반복, 안뜨기 2코, 겉뜨기 3코

4~23단 : 짝수 단은 2단과 동일하게, 홀수 단은 3단과 동일하게 진행한다.

24단 : 안뜨기를 하는데 아무 곳에서나 1번만 왼코 겹쳐 2코 모아 안뜨기(2코를 한 번에 안뜨기)해 1코를 줄여 175[195/215]코로 만든다.

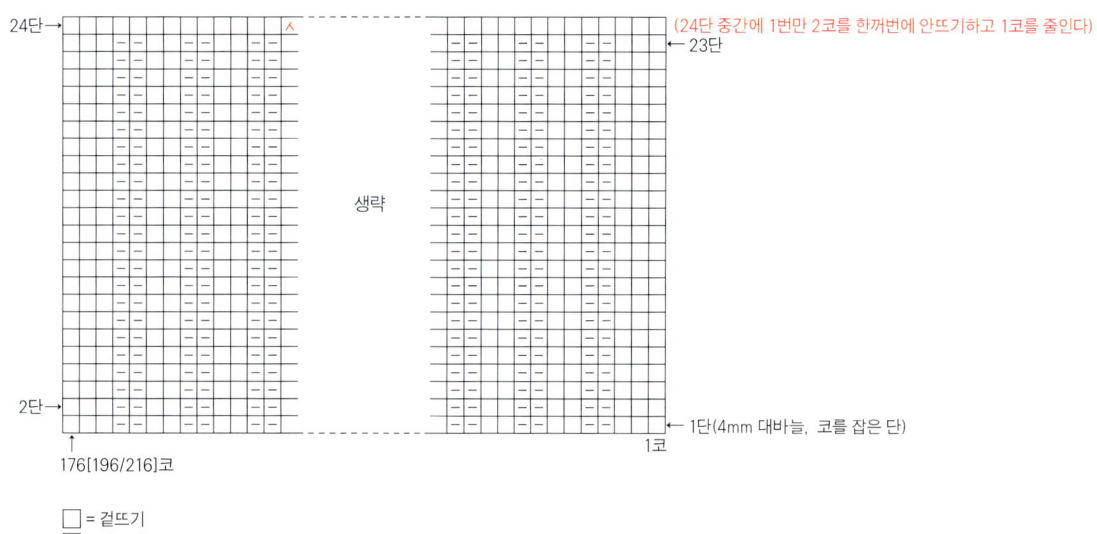

【 몸판(평뜨기) 】

5mm 대바늘로 바꿔서 선택한 사이즈에 따라 1~62단까지 다음과 같이 진행한다.

홀수 단 : A파트(3코), B파트(10코)×17[19/21]번 반복, C파트(2코)
짝수 단 : C파트(2코), B파트(10코)×17[19/21]번 반복, A파트(3코)

62단은 40[45/50]코를 뜨고 5코를 덮어씌워 코막음, 85[95/105]코를 뜨고 5코를 덮어씌워 코막음, 40[45/50]코를 뜬다.

62단을 뜨면서 몸판을 오른쪽 앞판, 뒤판, 왼쪽 앞판으로 분리하게 된다. 다음 단계에서 오른쪽 앞판을 진행한다.

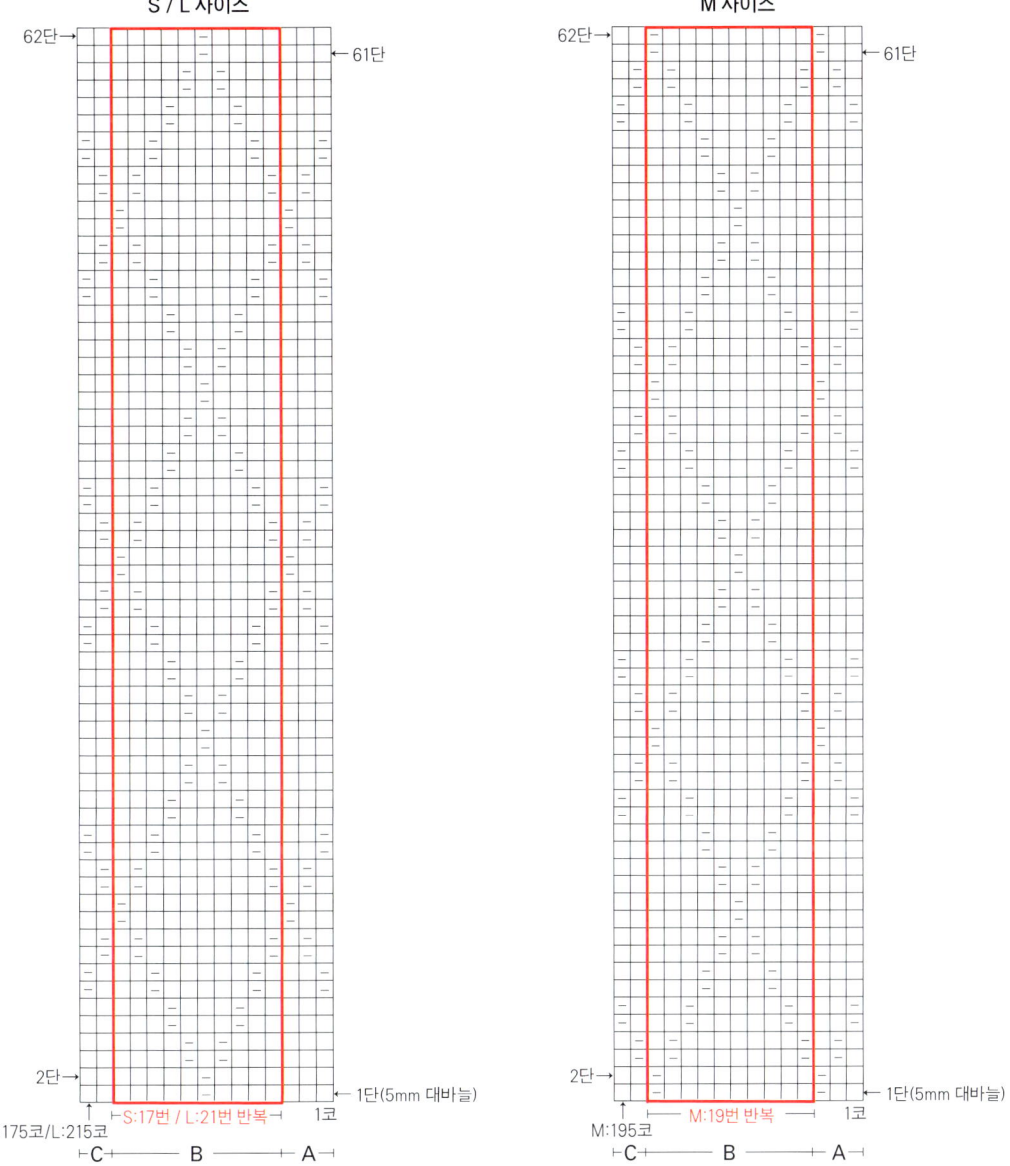

【 오른쪽 앞·뒤판, 왼쪽 앞판(평뜨기) 】

5mm 대바늘을 이용해 오른쪽 앞·뒤판, 왼쪽 앞판을 각각 뜬다. 62단을 뜨고 난 뒤 실이 달려 있는 오른쪽 앞판을 먼저 뜨고 뒤판과 왼쪽 앞판을 순서 상관없이 새 실을 연결해 각각 기호도대로 진행한다. 앞면을 보고 1단부터 실을 연결해서 뜬다.
뒤판 기호도는 래글런 퀼팅 풀오버 뒤판(→P.72)과 같으므로 참고한다.

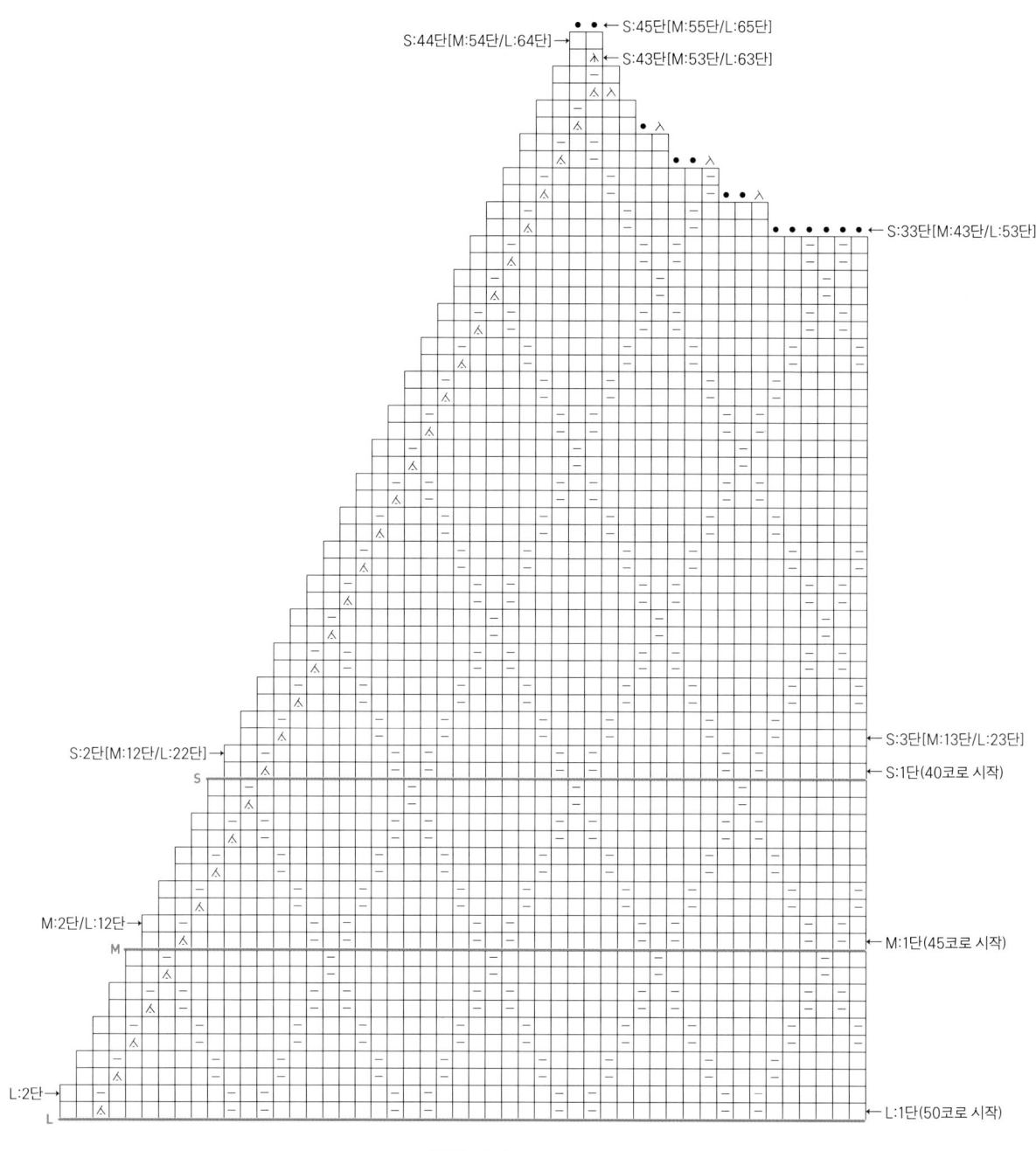

오른쪽 앞판

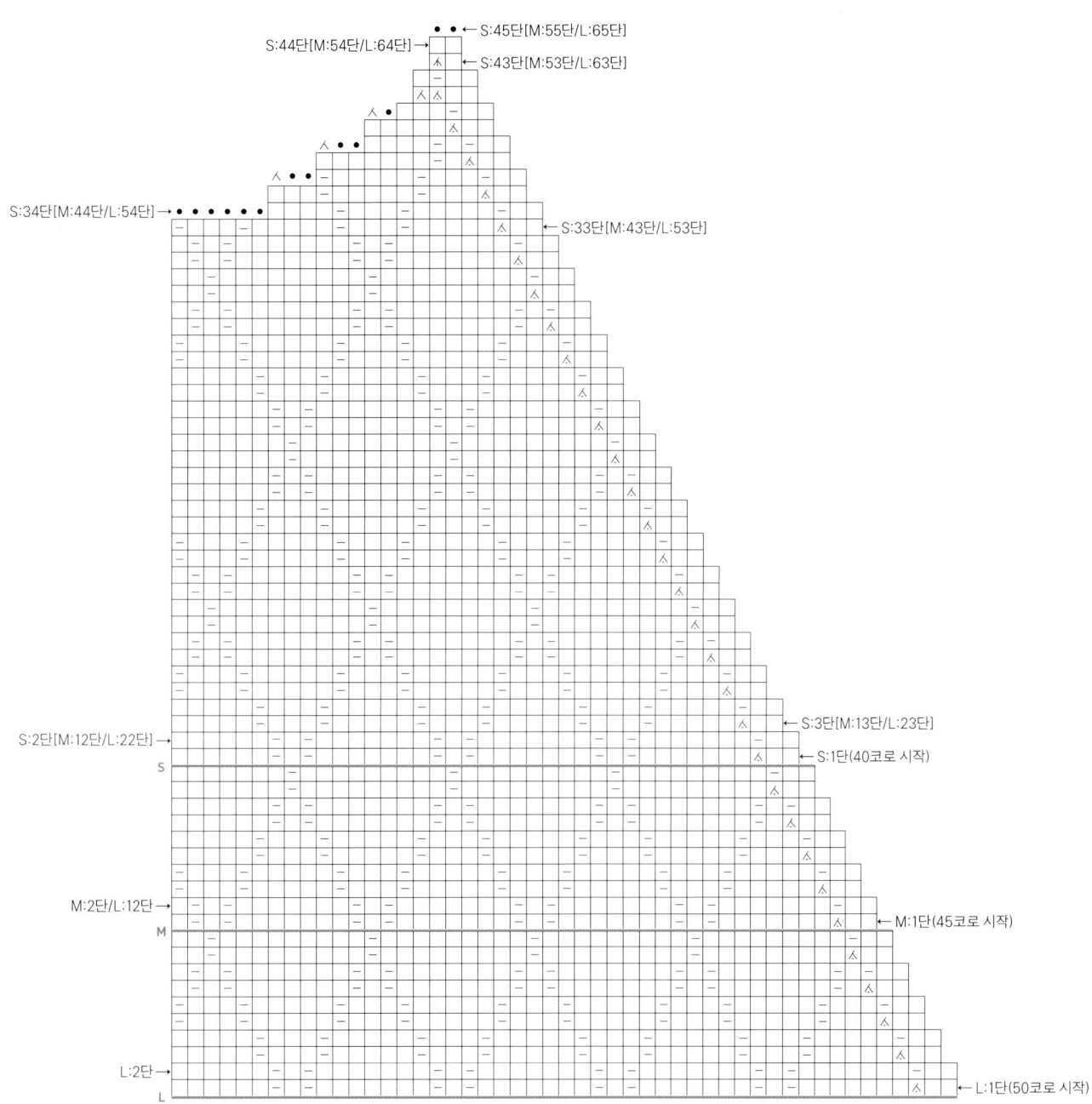

왼쪽 앞판

【 소매 뜨기와 잇기 】

소매 뜨기와 몸판과 소매 잇는 방법은 래글런 퀼팅 풀오버(→P.74~77)와 같으므로 참고한다.

【 목둘레(평뜨기) 】

4mm 대바늘을 이용해 목둘레에서 코를 줍는다. 뜨개바탕의 앞면을 보는 상태에서 오른쪽 앞판부터 시작하여 마지막으로 왼쪽 앞판까지 줍는데, 100코 또는 4배수가 되도록 줍는다. 뜨는 방식은 카디건의 처음 몸판의 고무단을 떴던 방식과 동일하게 진행한다.

1단 : 4mm 대바늘을 이용해 100코 또는 4배수 코를 만든다.
2단 : 안뜨기 3코, '겉뜨기 2코, 안뜨기 2코'를 5코 남을 때까지 반복, 겉뜨기 2코, 안뜨기 3코
3단 : 겉뜨기 3코, '안뜨기 2코, 겉뜨기 2코'를 5코 남을 때까지 반복, 안뜨기 2코, 겉뜨기 3코
4~10단 : 짝수 단은 2단과 동일하게, 홀수 단은 3단과 동일하게 진행한다.
10단까지 뜨고 원하는 방식으로 코막음을 한다.

【 앞단(평뜨기) 】

4mm 대바늘을 이용해 왼쪽 앞판 끝에서 세로로 코를 주워 왼쪽 앞단부터 시작한다.

1단 : 4mm 대바늘을 이용해 4코를 줍고 1코 줍는 자리를 건너뛰는 방식으로 102[110/118]코 또는 [4배수+2]코를 줍는다.
2단 : '안뜨기 2코, 겉뜨기 2코'를 반복하다가 2코가 남았을 때 안뜨기를 2코 뜬다.
3단 : '겉뜨기 2코, 안뜨기 2코'를 반복하다가 2코가 남았을 때 겉뜨기를 2코 뜬다.
4~10단 : 짝수 단은 2단과 동일하게, 홀수 단은 3단과 동일하게 진행한다.
10단까지 뜨고 원하는 방식으로 코막음한다.

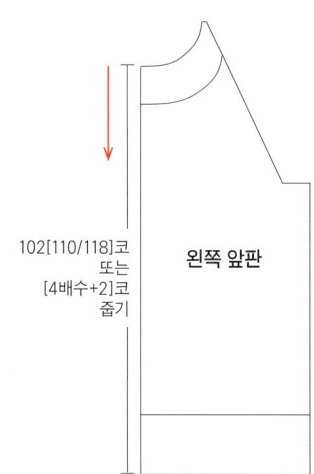

왼쪽 앞단을 뜬 다음 오른쪽 앞판도 같은 방법으로 코를 주워서 진행한다. 오른쪽 앞단에 단춧구멍을 내야 한다. 먼저 떠놓은 왼쪽 앞단의 앞면을 보고 단춧구멍 위치와 개수를 정한다. 이때 앞면에서 봤을 때 안뜨기 2코를 뜬 자리 중에서 단춧구멍 위치를 정한다. 위치와 개수를 정하고 오른쪽 앞 밴드를 뜨는 10단 중 5단을 뜰 때 단춧구멍을 만든다.

단춧구멍을 만드는 5단 : 고무단을 뜨다가 단춧구멍을 만들 '안뜨기 2코'가 나오면 2코를 한꺼번에 안뜨기하는 '왼코 겹쳐 2코 모아 안뜨기'를 하고 실을 안뜨기할 때처럼 바늘 앞에 둔다. 이렇게 실만 앞에 두면 바늘비우기(걸기코)가 된다. 실을 앞에 둔 상태에서 그다음 떠야 하는 겉뜨기 2코를 한다. 그러면 자연스럽게 바늘비우기 코가 생긴다.

원하는 위치와 개수로 단춧구멍을 만들며 5단을 뜬 다음, 6단은 짝수 단이고 뒷면을 보며 뜨기 때문에 5단에서 단춧구멍을 만들기 위해 바늘비우기한 코는 겉뜨기를 뜰 코가 된다. 조금 이상하더라도 바늘비우기 코도 하던 대로 겉뜨기를 하면 된다.

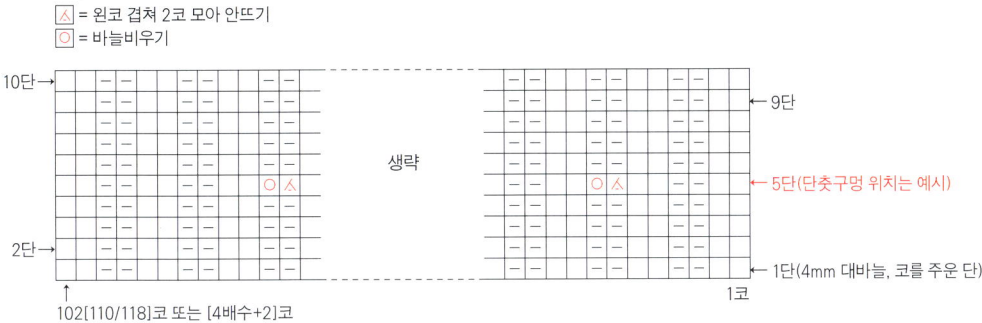

CHAPTER

3

돌려뜨기를 이용한
니트

How to knit

돌려뜨기

돌려뜨기(꼬아뜨기)로 겉뜨기·안뜨기를 하는 방법입니다. 돌려뜨기는 보통의 겉뜨기·안뜨기와 반대로 오른쪽 바늘이 왼쪽 바늘 뒤에서 움직입니다. 오른쪽 바늘을 코에 넣을 때도 겉뜨기의 돌려뜨기는 왼쪽 바늘 뒤에서 안뜨기 방향으로, 안뜨기의 돌려뜨기는 왼쪽 바늘 뒤에서 겉뜨기 방향으로 넣습니다.

겉뜨기의 돌려뜨기

1 오른쪽 바늘이 왼쪽 바늘 뒤에서 안뜨기 방향으로, 겉뜨기의 돌려뜨기를 뜰 코에 들어간다. 안뜨기 방향이란 왼쪽 바늘 팁의 방향과 오른쪽 바늘 팁의 방향이 반대되는 것이다.

2 실로 오른쪽 바늘을 시계 반대 방향으로 감아 겉뜨기를 한다.

3 코 아랫부분이 꼬아진 겉뜨기의 돌려뜨기를 완성한 모습.

⚁ 안뜨기의 돌려뜨기

1 오른쪽 바늘이 왼쪽 바늘 뒤에서 겉뜨기 방향으로, 안뜨기의 돌려뜨기를 뜰 코에 들어간다. 겉뜨기 방향이란 왼쪽 바늘 팁 방향과 오른쪽 바늘 팁 방향이 같아지는 것이다.

2 실로 오른쪽 바늘을 시계 반대 방향으로 감아 안뜨기를 한다.

3 코 아랫부분이 꼬아진 안뜨기의 돌려뜨기를 완성한 모습.

에이콘 비니
Acorn Beanie

1코 고무뜨기에서 겉뜨기 코를 돌려뜨기 코로 변경해서 뜨는 비니입니다. 코 줄이기는 3코를 1코로 줄이는 방법인 오른코 겹쳐 3코 모아뜨기, 왼코 겹쳐 3코 모아뜨기를 사용하되 돌려뜨기 버전으로 합니다. 처음에는 어려울 수 있지만, 차근차근 설명을 따라 하면 충분히 완성할 수 있어요.

에이콘 비니
Acorn Beanie

실 산네스 간 알파카 울 (4035 딥 테라코타) 2볼[3볼]
대바늘 4.5mm

게이지 메리야스뜨기(4.5mm 대바늘) 20코×25단
사이즈 머리둘레 S:53cm[M:57cm], 높이(접기 전) S:31cm[M:33cm]

S사이즈[M사이즈] 표기

【 돌려뜨기로 하는 1코 고무뜨기(원통뜨기) 】

4.5mm 대바늘을 이용해 108[120]코를 잡아 '돌려뜨기 1코, 안뜨기 1코'를 반복하는 돌려뜨기로 하는 1코 고무뜨기를 60단[66단] 또는 24cm[26cm] 뜬다. 첫 코와 마지막 코 사이의 줄바늘에 마커를 달아 단의 시작을 표시하면 좋다.

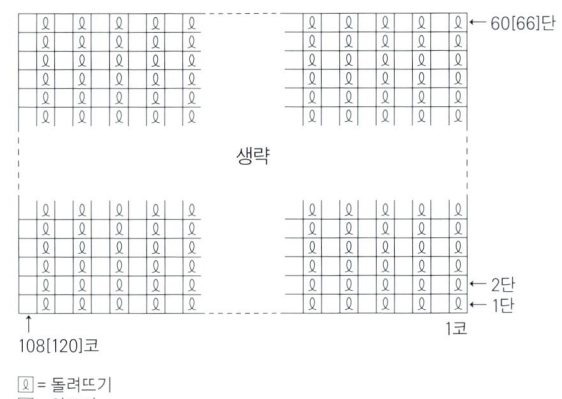

Q = 돌려뜨기
□ = 안뜨기

【 코 줄이기(원통뜨기) 】

60단[66단] 또는 24cm[26cm]를 뜨고 20단을 단마다 9[10]번 반복하며 코 줄이기를 한다. 20단까지 뜨면 18[20]코가 남는다. 여분의 실을 길게 남겨서 자르고 돗바늘에 연결한다. 18[20]코를 뜨던 방향대로 2~3번 돗바늘로 통과시키고 실이 풀리지 않게 마무리한다.

1단 : '돌려 오른코 겹쳐 3코 모아뜨기, 안뜨기 1코(돌려뜨기 1코, 안뜨기 1코)×4번 반복'×9[10]번 반복

2·3·4단 : '돌려뜨기 1코, 안뜨기 1코×5번 반복'×9[10]번 반복

5단 : '(돌려뜨기 1코, 안뜨기 1코)×3번 반복, (돌려 왼코 겹쳐 3코 모아뜨기, 안뜨기 1코)'×9[10]번 반복

6·7·8단 : '돌려뜨기 1코, 안뜨기 1코×4번 반복'×9[10]번 반복

9단 : '돌려 오른코 겹쳐 3코 모아뜨기, 안뜨기 1코(돌려뜨기 1코, 안뜨기 1코)×2번 반복'×9[10]번 반복

10·11·12단 : '돌려뜨기 1코, 안뜨기 1코×3번 반복'×9[10]번 반복

13단 : '돌려뜨기 1코, 안뜨기 1코, 돌려 왼코 겹쳐 3코 모아뜨기, 안뜨기 1코'×9[10]번 반복

14·15·16단 : '돌려뜨기 1코, 안뜨기 1코×2번 반복'×9[10]번 반복

17단 : '돌려 오른코 겹쳐 3코 모아뜨기, 안뜨기 1코'×9[10]번 반복

18·19·20단 : '돌려뜨기 1코, 안뜨기 1코'×9[10]번 반복

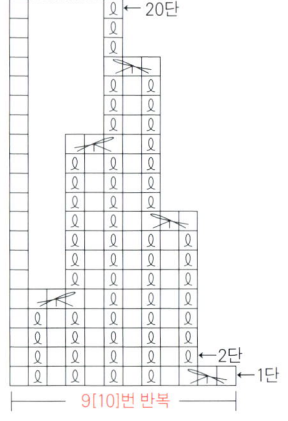

= 돌려 오른코 겹쳐 3코 모아뜨기
1번째 코를 안뜨기 방향으로 뜨지 않고 넘긴 다음 2코를 한꺼번에 겉뜨기한다. 오른쪽 바늘에서 처음을 뜨지 않고 넘긴 코를 겉뜨기한 코에 덮어씌운다.

= 돌려 왼코 겹쳐 3코 모아뜨기
앞의 2코를 한꺼번에 겉뜨기하고(=1번째 코) 그다음 코를 안뜨기의 돌려뜨기 방향으로 오른쪽 바늘 넣어 뜨지 않고 넘긴다(=2번째 코). 오른쪽 바늘의 이 2코를 왼쪽 바늘에 옮기고(안뜨기 방향으로 옮긴다) 왼쪽 바늘에서 2번째 코를 1번째 코에 덮어씌운다. 1번째 코는 다시 오른쪽 바늘로 옮긴다(안뜨기 방향으로 옮긴다).

래글런 와플 풀오버
Raglan Waffle Pullover

박시하게 편히 입을 수 있는 탑 다운 래글런 와플 풀오버입니다. 겉뜨기·안뜨기만 가지고 심플하게 와플무늬를 뜨며, 코 늘리기는 M1R과 M1L을 이용합니다. 2코 고무뜨기로 터틀넥을 만들며 시작하고, 몸판 고무단과 소매 고무단에서 2코 고무뜨기에 겉뜨기 코를 돌려뜨기로 하고 마무리합니다. 탑 다운의 장점을 살려서 도안에서 제시한 길이보다 길거나 짧게 변형해 원하는 길이감의 풀오버를 만들 수 있습니다.

래글런 와플 풀오버
Raglan Waffle Pullover

실 산네스 간 알파카 울 (3571 브라운) S:10볼[M:11볼/L:12볼]
대바늘 3.5mm, 4mm, 4.5mm
게이지 메리야스뜨기(4.5mm 대바늘) 20코×25단, 와플무늬(4.5mm 대바늘) 20코×27단

사이즈 총길이(터틀넥 제외) S:54cm[M:56cm/L:58cm], 가슴 단면 S:51cm[M:53cm/L:55cm]

S사이즈[M사이즈/L사이즈] 표기

【 터틀넥(원통뜨기) 】

4mm 대바늘을 이용해 96[104/112]코를 잡아서 단마다 '겉뜨기 2코, 안뜨기 2코'를 반복하는 '2코 고무뜨기'를 10cm가 되도록 뜬다. 첫 코와 마지막 코 사이의 줄바늘에 마커를 달아 단의 시작을 표시하면 좋다. 여기까지 뜨고 3.5mm 대바늘로 변경해 뜨던 대로 2코 고무뜨기를 8cm가 되도록 뜬다.

【 와플무늬(원통뜨기) 설명 】

홀수 단은 겉뜨기로만 뜨고 짝수 단은 '겉뜨기 2코, 안뜨기 2코'를 반복한다. 래글런 늘리기 구간에서는 기호도를 참고하고, 래글런 늘리기가 끝나고 나서 소매와 몸통을 뜰 때도 이 무늬를 유지한다.

□ = 겉뜨기
− = 안뜨기
⚇ = M1R
⚇ = M1L
⚇ = 돌려뜨기

← 짝수 단 : 겉뜨기 2코, 안뜨기 2코를 반복한다
← 홀수 단 : 겉뜨기한다

【 래글런 늘리기(원통뜨기) 】

터틀넥을 뜨고 나서 래글런을 뜨기 전 마커 8개를 준비해 96[104/112]코를 가지고 '래글런 10코, 뒤판 18[22/26]코, 래글런 10코, 오른쪽 소매 10코, 래글런 10코, 앞판 18[22/26]코, 래글런 10코, 왼쪽 소매 10코'로 나눈다. 그 사이사이 줄바늘에 마커 8개를 단다. 그중 제일 처음 마커는 단의 시작을 표시하므로, 단의 첫 코와 마지막 코 사이에 위치한다.

'마커→래글런 10코→마커→뒤판 18[22/26]코→마커→래글런 10코→마커→오른쪽 소매 10코→마커→래글런 10코→마커→앞판 18[22/26]코→마커→래글런 10코→마커→왼쪽 소매 10코'

이 순서를 따라 마커를 표시했으면 4.5mm 대바늘로 변경해 래글런 늘리기 기호도대로 진행한다. 홀수 단에서는 겉뜨기만 하면서 래글런 10코 전후에서 M1R, M1L로 하는 코 늘리기를 한다. 짝수 단에서는 래글런 늘리기 기호도를 참고하여 겉뜨기 2코, 안뜨기 2코를 반복한다. 매단 기호도를 2번 반복한다.

- **홀수 단** : 마커 넘기고→래글런 10코 겉뜨기→마커 넘기고
  →M1L하고 마커가 나올 때까지 겉뜨기하다가(뒤판 부분으로 홀수 단을 뜰 때마다 2코씩 늘어난다) 마커가 왼쪽 바늘에 보이면 마커 앞에서 M1R
  →마커 넘기고→래글런 10코 겉뜨기→마커 넘기고
  →M1L하고 마커가 나올 때까지 겉뜨기하다가(오른쪽 소매 부분으로 홀수 단을 뜰 때마다 2코씩 늘어난다) 마커가 왼쪽 바늘에 보이면 마커 앞에서 M1R
  →마커 넘기고→래글런 10코 겉뜨기→마커 넘기고
  →M1L하고 마커가 나올 때까지 겉뜨기하다가(앞판 부분으로 홀수 단을 뜰 때마다 2코씩 늘어난다) 마커가 왼쪽 바늘에 보이면 마커 앞에서 M1R
  →마커 넘기고→래글런 10코 겉뜨기→마커 넘기고
  →M1L하고 마커가 나올 때까지 겉뜨기하다가(왼쪽 소매 부분으로 홀수 단을 뜰 때마다 2코씩 늘어난다) 마커가 왼쪽 바늘에 보이면 마커 앞에서 M1R
- **짝수 단** : 기본 뜨기는 겉뜨기 2코, 안뜨기 2코를 반복하지만, 코를 늘리는 부분은 단마다 달라지니 래글런 늘리기 기호도(→P.98)를 참고한다.

래글런 기호도에서 '소매 10코'와 '앞·뒤판 18[22/26]코'는 안뜨기 2코로 시작해 겉뜨기 2코, 안뜨기 2코를 반복한다. 즉 안뜨기 2코로 시작해 안뜨기 2코로 끝난다.
'래글런 10코'는 겉뜨기 2코로 시작해 안뜨기 2코, 겉뜨기 2코를 반복한다. 즉 겉뜨기 2코로 시작해 겉뜨기 2코로 끝난다.

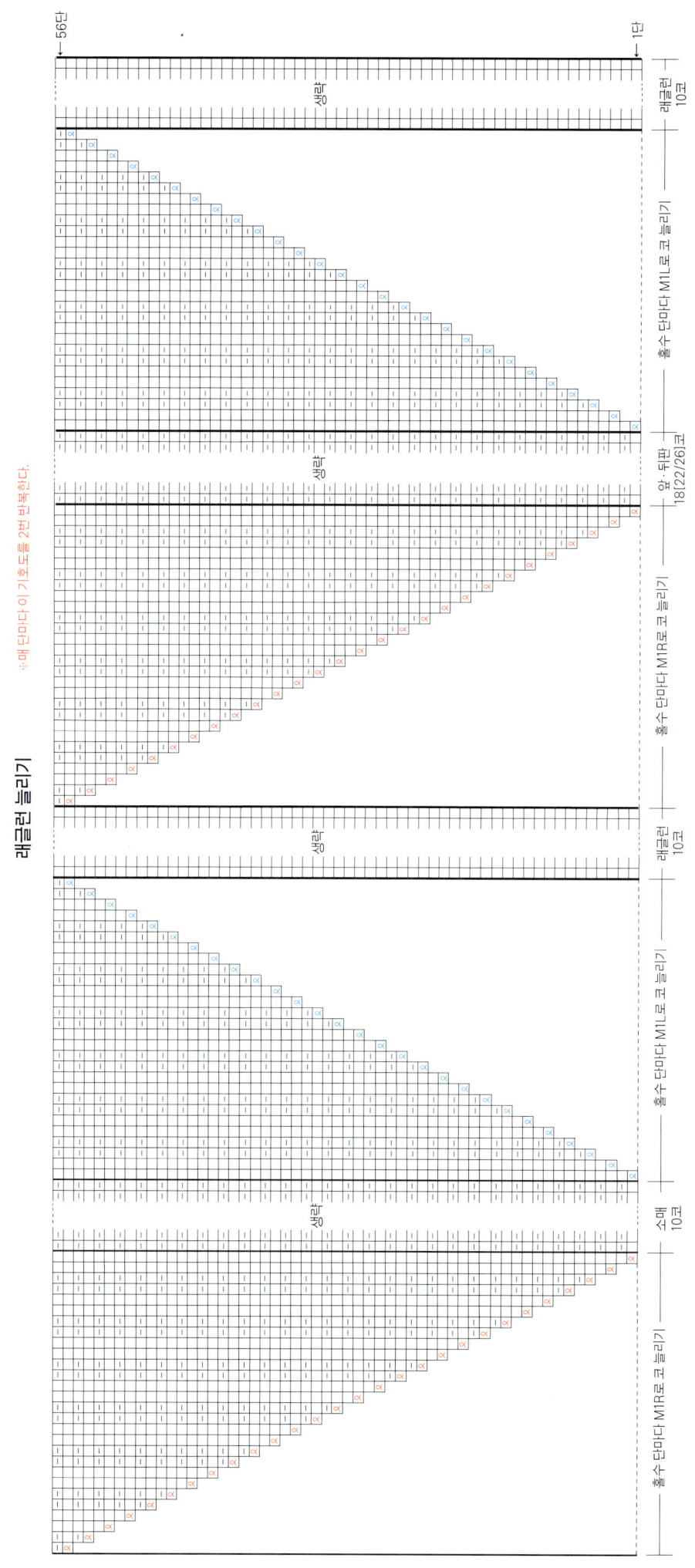

【 몸통(원통뜨기) 】

래글런 늘리기를 다 하고 나면 320[328/336]코가 된다.

1단 : 처음 94[98/102]코는 뒤판이 되며 겉뜨기를 하고 이어서 감아코로 10코를 만든다. 그다음 66코는 오른쪽 소매가 되며 뜨지 않고 별도의 실에 옮겨둔다. 다음 94[98/102]코는 앞판이 되며 겉뜨기를 하고 이어서 감아코로 10코 만든다. 남는 66코는 왼쪽 소매가 되며 뜨지 않고 별도의 실에 옮겨둔다. 그러면 바늘에는 '뒤판 94[98/102]코, 감아코 10코, 앞판 94[98/102]코, 감아코 10코'가 걸려 있고 총 208[216/224]코가 된다. 첫 코와 마지막 코 사이의 줄바늘에 마커를 달아 단의 시작을 표시하면 좋다.

2~73[79/85]단 : 짝수 단은 '겉뜨기 2코, 안뜨기 2코'를 반복하고, 홀수 단은 겉뜨기한다.

【 몸통 고무단(원통뜨기) 】

3.5mm 대바늘로 변경해 겉뜨기 코를 돌려뜨기하는 2코 고무뜨기(돌려뜨기 2코, 안뜨기 2코 반복)를 6cm가 되도록 뜨고 원하는 방법으로 코막음한다.

【 소매(원통뜨기) 】

별도의 실에 옮겨둔 2개의 소매 코 중 한쪽 소매 66코를 4.5mm 대바늘로 옮긴다. 뜨개바탕을 아래에 둔 상태에서 오른쪽 바늘을 가지고 몸통을 뜰 때 만든 감아코 10코를 반으로 나눠 중앙부터 왼쪽 방향으로 5코에서 새 실을 이용해 5코를 줍는다. 5코를 줍고 나서 소매 66코를 걷뜨기한다. 여기까지 뜨면 처음 5코를 주웠던 감아코 10코가 나오는데 이때 나머지 5코를 줍는다. 총 76코가 되며 원통 모양을 이루게 된다. 원통뜨기의 첫 코와 마지막 코 사이의 줄바늘에 마커를 달아 단의 시작과 끝을 알 수 있도록 하면 좋다. 이제 코 줄이기를 하면서 총 77단을 뜬다. 이렇게 뜨면 52코가 된다. 매단 빨간 박스(8코)를 5번 반복하여 뜬다.

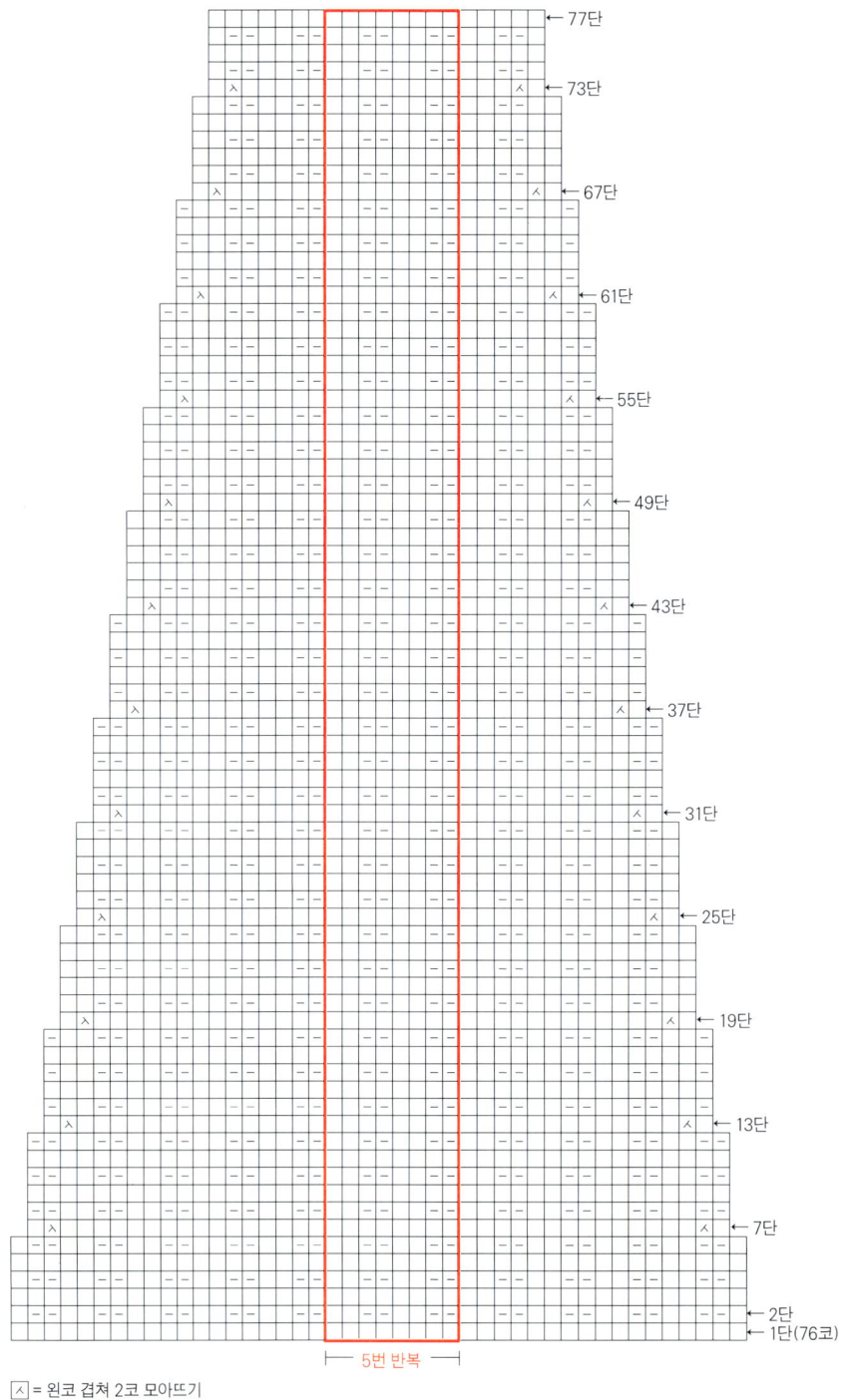

【 소매 고무단(원통뜨기) 】

3.5mm 대바늘로 변경해 52코를 가지고 겉뜨기 코를 돌려뜨기하는 2코 고무뜨기(돌려뜨기 2코, 안뜨기 2코 반복)를 한다. 매단 돌려뜨기 1코를 한 다음 '안뜨기 2코, 돌려뜨기 2코'를 반복하다가 3코가 남았을 때 '안뜨기 2코, 돌려뜨기 1코'를 한다. 10cm가 되도록 뜨고 원하는 방법으로 코막음한다. 나머지 소매 한쪽도 같은 방법으로 진행한다.

CHAPTER

4

바늘비우기를 이용한 니트

• How to knit •

바늘비우기

바늘비우기의 용도는 크게 2가지입니다. (1) 구멍을 만드는 용도, (2) 코 늘리기입니다. 바늘비우기를 하면 그만큼 코가 늘어납니다. 그래서 단춧구멍이나 무늬를 위해 구멍을 만드는 용도라면 바늘비우기를 하는 만큼 코 줄이기도 해야 합니다. 코를 줄이는 위치나 종류는 기호도에 따라 다르지만 바늘비우기 횟수와 줄이는 콧수가 같아야 합니다. 또한 바늘비우기는 코의 다음 코가 겉뜨기인지 안뜨기인지에 따라 달라집니다. 바늘비우기는 다음 코와 한 세트처럼 동시에 생기는 것이므로 다음 코까지 바늘비우기한 것으로 혼동하지 않도록 주의를 기울여야 합니다.

I = 겉뜨기
— = 안뜨기
O = 바늘비우기

바늘비우기 다음 코가 겉뜨기일 때 I O ← 뜨는 방향

1 바늘비우기 코의 다음 코가 겉뜨기라면 실을 바늘 앞에 두는데 이것이 바늘비우기 코가 된다. 실을 안뜨기할 때처럼 바늘 앞에 둔 상태에서 그다음 코를 겉뜨기한다.

2 바늘비우기 코와 그다음 코인 겉뜨기를 하고 나면, 바늘비우기는 구멍이 난 것처럼 보인다.

바늘비우기 다음 코가 안뜨기일 때 ←뜨는 방향

1 바늘비우기 코의 다음 코가 안뜨기라면, 실을 바늘 앞에 두고 오른쪽 바늘 위에서 뒤로 감아 실을 다시 앞에 둔다. 이것이 바늘비우기 코가 된다. 그다음 코를 안뜨기한다.

2 바늘비우기 코와 그다음 코인 안뜨기를 하고 나면, 바늘비우기는 구멍이 난 것처럼 보인다.

래글런 사선 카디건
Raglan Diagonal Line Cardigan

바늘비우기와 1코 줄이기를 이용해 만드는 사선무늬로 이루어진 넉넉한 핏의 베이직한 카디건입니다. 뒤판 1장, 앞판 2장, 소매 2장을 각각 떠서 돗바늘을 이용해 잇고, 코를 주워 목둘레와 앞단을 뜨는 방식입니다.

래글런 사선 카디건
Raglan Diagonal Line Cardigan

실 산네스 간 선데이 (1031 포기 그레이)+틴 실크 모헤어 (1022 라이트 그레이 멜란지) S:6볼+6볼[M:7볼+7볼/L:8볼+8볼]

대바늘 3mm, 4mm

게이지 메리야스뜨기(4mm 대바늘) 23코×31단

사이즈 총길이 S:57cm[M:58cm/L:60cm], 가슴 단면 S:52cm [M:56.5cm/L:61cm]

S사이즈[M사이즈/L사이즈] 표기

【 뒤판(평뜨기) 】

1 고무단(3mm 대바늘)

1단 : 3mm 대바늘을 이용해 123[133/143]코를 선호하는 방법으로 만든다.

2단 : '안뜨기 1코, 겉뜨기 1코'를 반복하다가 1코가 남았을 때 안뜨기 1코 뜬다.

3단 : '겉뜨기 1코, 안뜨기 1코'를 반복하다가 1코가 남았을 때 겉뜨기를 1코 뜬다.

4~26단 : 짝수 단은 2단과 동일하게, 홀수 단은 3단과 동일하게 진행한다.

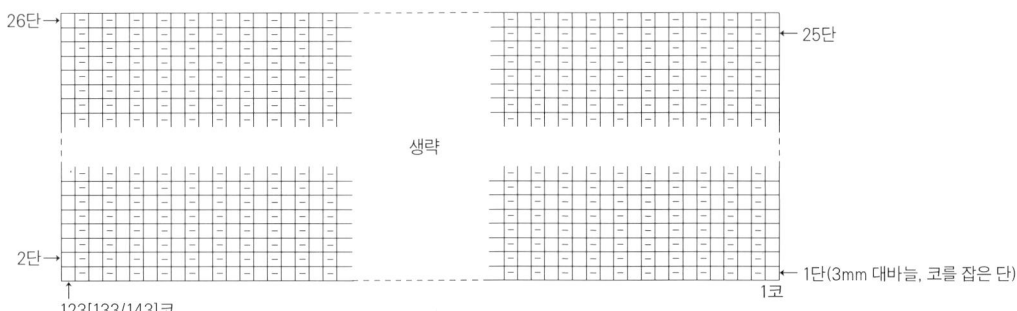

2 뒤판 아랫부분(4mm 대바늘)

뒷판은 홀수단은 겉뜨기, 짝수단은 안뜨기를 뜨는 메리야스뜨기를 한다.

1단 : 4mm 대바늘로 변경해 123[133/143]코까지 겉뜨기한다.

2단 : 안뜨기한다.

3~84[88/92]단 : 홀수 단은 1단과 동일하게, 짝수 단은 2단과 동일하게 진행한다.

3 뒤판 윗부분(4mm 대바늘)

1단 : 처음 5[5/6]코를 덮어씌워 코막음하고 나머지는 겉뜨기한다. 1단을 뜨면 총 118[128/137]코가 된다.

2단 : 처음 5[5/6]코를 덮어씌워 코막음하고 나머지는 안뜨기한다. 2단을 뜨면 총 113[123/131]코가 된다.

3단 : '겉뜨기 1코, 오른코 겹쳐 2코 모아뜨기, 3코 남을 때까지 겉뜨기, 왼코 겹쳐 2코 모아뜨기, 겉뜨기 1코'를 진행한다.

4단 : 안뜨기한다.

5~68[70/72]단 : 홀수 단은 3단과 동일하게, 짝수 단은 4단과 동일하게 진행한다. 68[70/72]단까지 뜨고 나면 총 47[55/61]코가 된다.

69[71/73]단 : 겉뜨기를 하며 덮어씌워 코막음한다.

【 앞판(평뜨기) 】

1 고무단(3mm 대바늘, 오른쪽 앞판과 왼쪽 앞판은 동일)

1단 : 3mm 대바늘을 이용해 61[67/71]코를 선호하는 방법으로 만든다.

2단 : '안뜨기 2코, 겉뜨기 1코'를 뜨고 '안뜨기 1코, 겉뜨기 1코'를 반복하다가 2코 남았을 때 안뜨기를 2코 한다.

3단 : '겉뜨기 2코, 안뜨기 1코'를 뜨고 '겉뜨기 1코, 안뜨기 1코'를 반복하다가 2코 남았을 때 겉뜨기를 2코 한다.

4~26단 : 짝수 단은 2단과 동일하게, 홀수 단은 3단과 동일하게 진행한다.

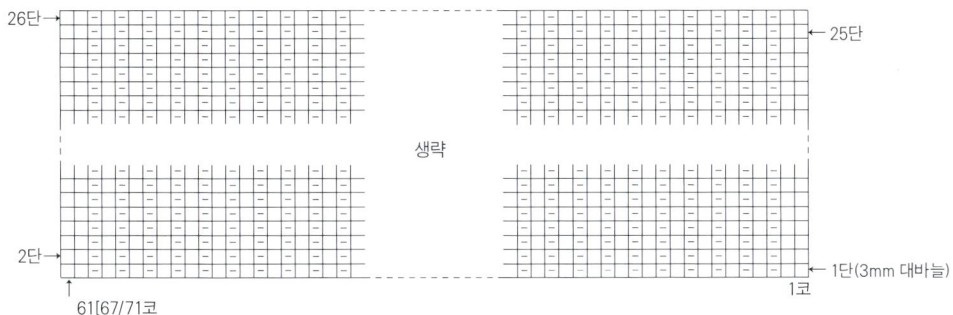

2 앞판(4mm 대바늘)

4mm 대바늘로 변경해 선택한 사이즈의 기호도를 보고 오른쪽 앞판과 왼쪽 앞판을 뜬다.

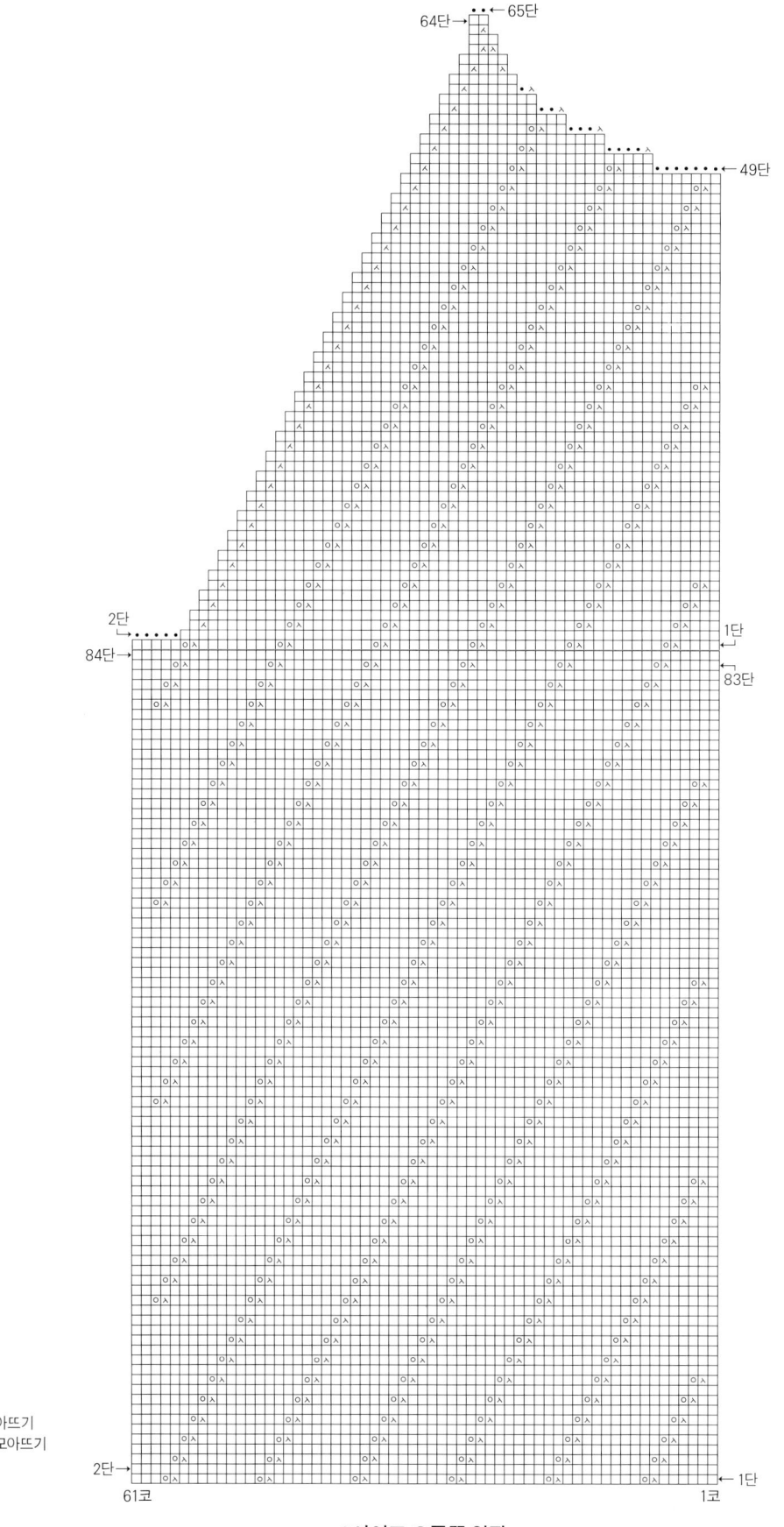

S사이즈 오른쪽 앞판

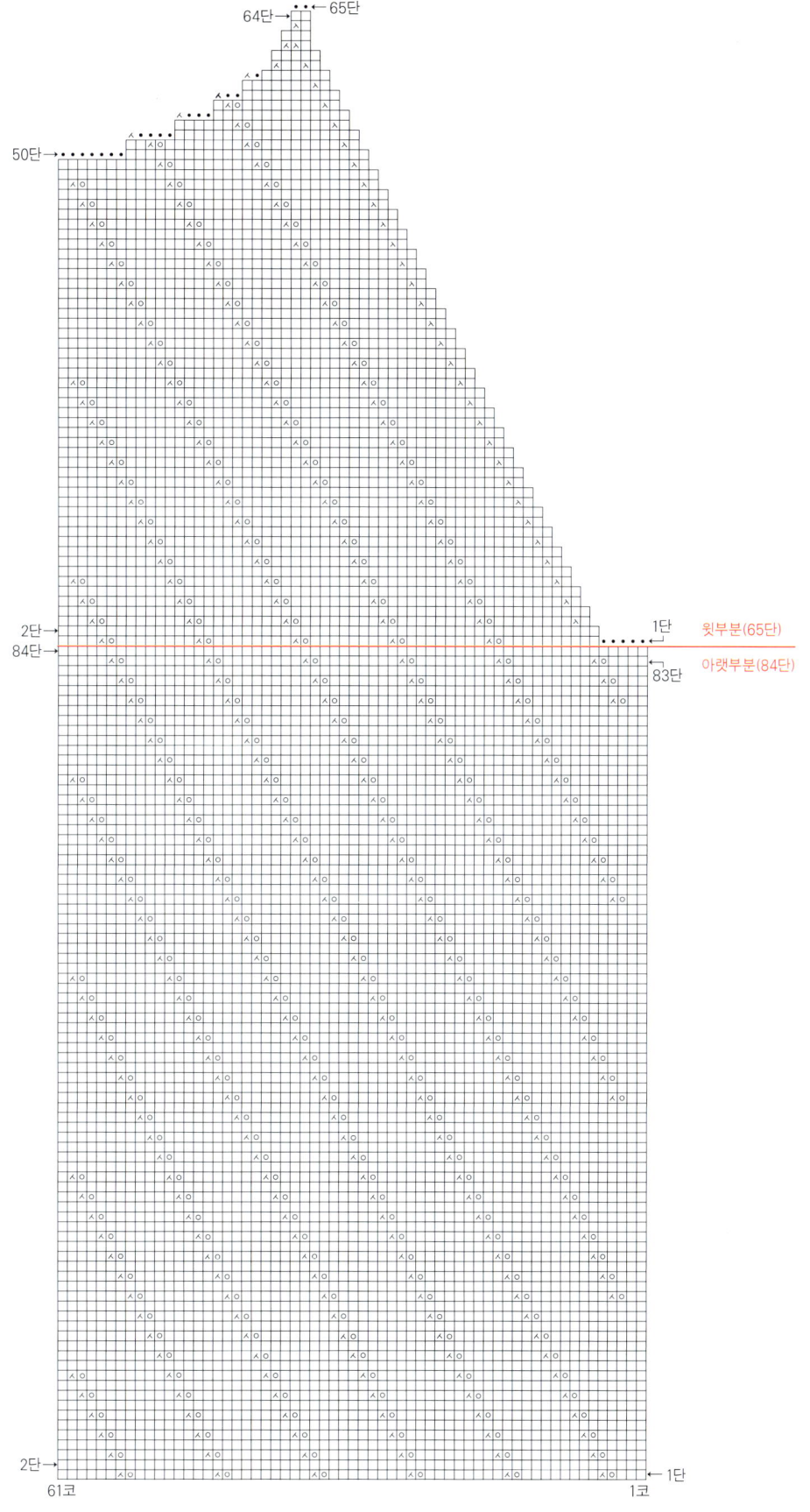

S사이즈 왼쪽 앞판

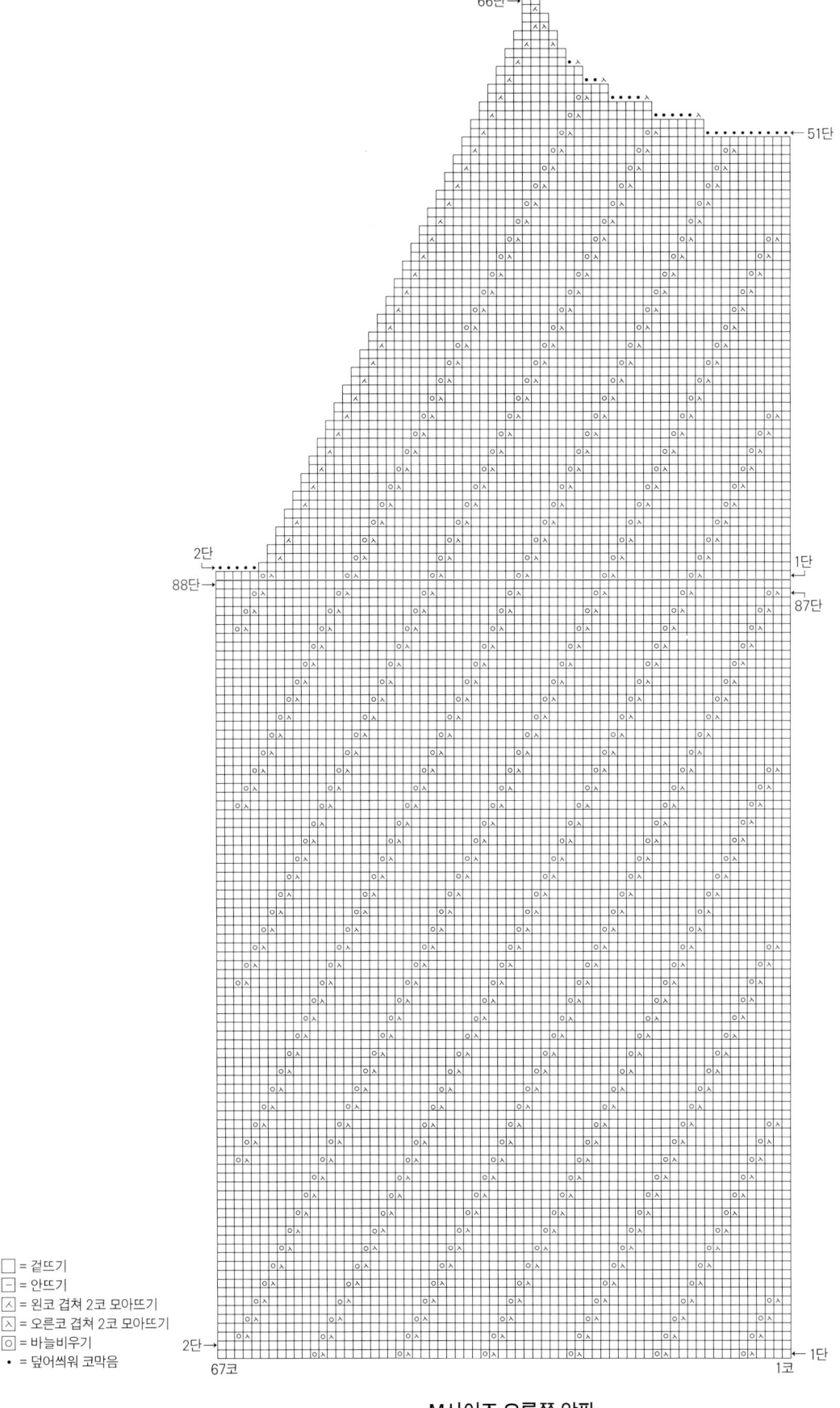

M사이즈 오른쪽 앞판

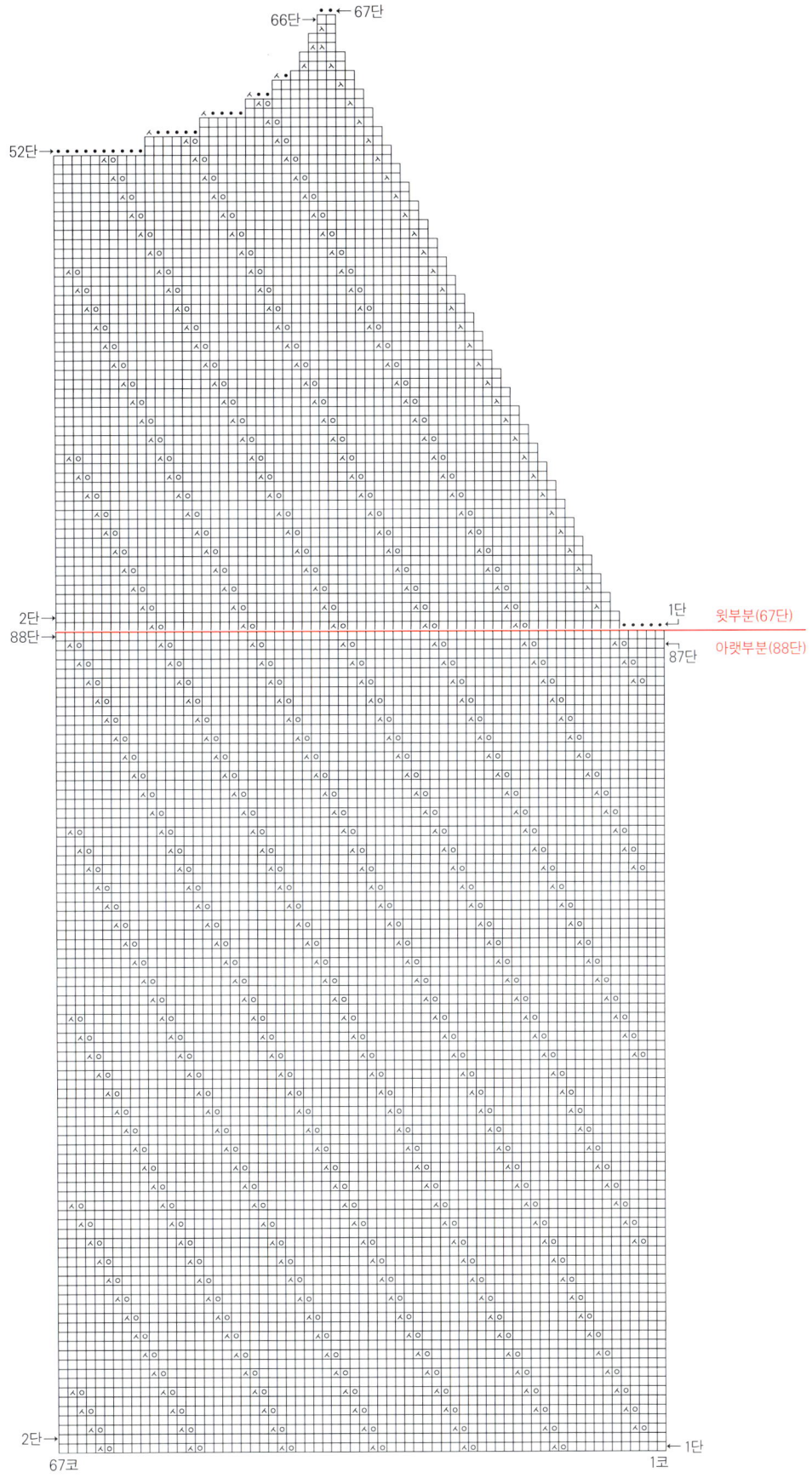

M사이즈 왼쪽 앞판

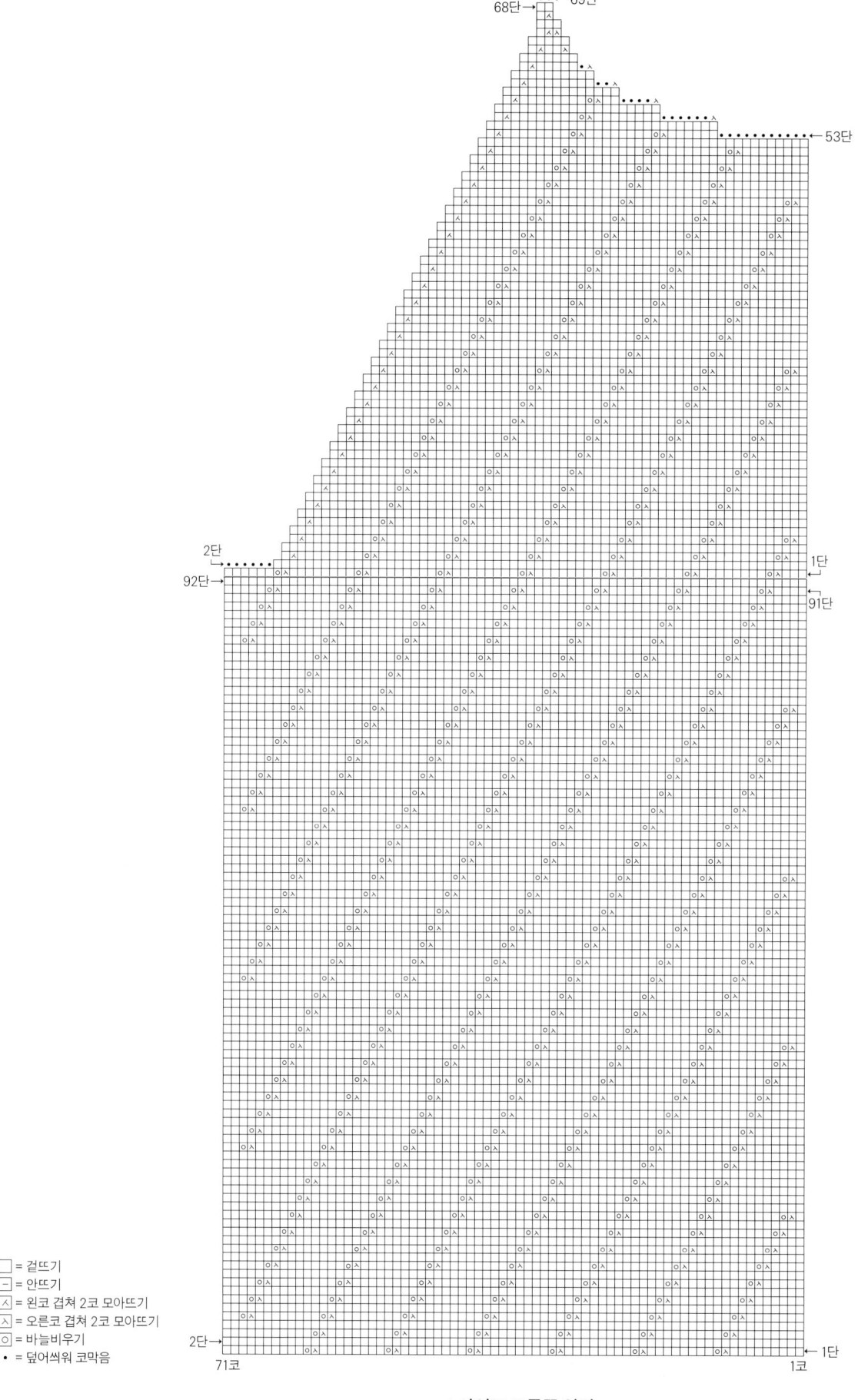

L사이즈 오른쪽 앞판

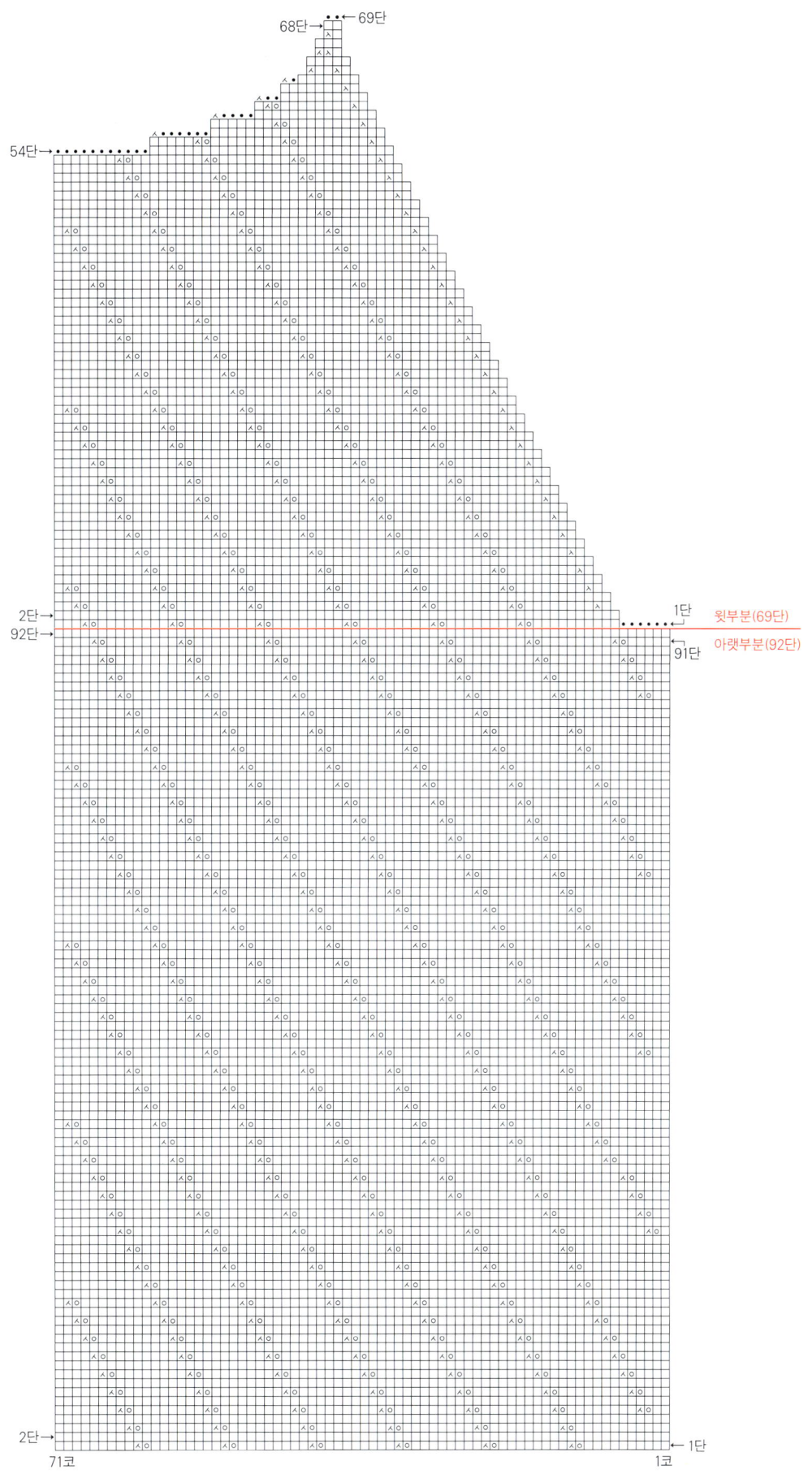

L사이즈 왼쪽 앞판

【 소매(평뜨기) 】

1 고무단(3mm 대바늘, 오른쪽 소매와 왼쪽 소매는 동일)

1단 : 3mm 대바늘을 이용해 62[64/66]코를 선호하는 방법으로 만든다.
2단 : '안뜨기 1코, 겉뜨기 1코'를 반복하다가 2코가 남았을 때 안뜨기를 2코 뜬다.
3단 : 겉뜨기 2코를 뜨고 '안뜨기 1코, 겉뜨기 1코'를 반복한다.
4~10단 : 짝수 단은 2단과 동일하게, 홀수 단은 3단과 동일하게 진행한다.

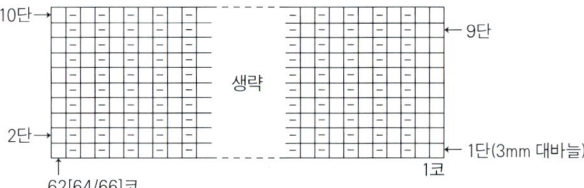

2 소매 늘리기(4mm 대바늘)

4mm 대바늘로 변경해 62[64/66]코로 홀수 단은 겉뜨기, 짝수 단은 안뜨기하는 메리야스뜨기를 12단 뜬다.
그다음 다음을 6[9/7]번 반복한다.
　1단 : 겉뜨기 2코, M1R, 2코 남을 때까지 겉뜨기, M1L, 겉뜨기 2코
　2~12단 : 홀수 단은 겉뜨기, 짝수 단은 안뜨기
이어서 다음을 4[1/4]번 반복한다.
　1단 : 겉뜨기 2코, M1R, 2코 남을 때까지 겉뜨기, M1L, 겉뜨기 2코
　2~10단 : 홀수 단은 겉뜨기, 짝수 단은 안뜨기
여기까지 뜨면 총 124[130/136]단, 82[84/88]코가 된다.

3 소매 래글런 줄이기(4mm 대바늘)

소매 래글런 줄이기는 소매 늘리기를 한 다음 새로 1단부터 69[71/73]단까지 진행한다. 기호도와 같이 오른쪽 소매와 왼쪽 소매 모두 동일하게 뜨고 61[63/65]단부터 69[71/73]단은 대칭되도록 한다.

1단 : 82[84/88]코로 처음 5[5/6]코는 겉뜨기로 뜨면서 덮어씌워 코막음하고 남은 코들 쭉 겉뜨기를 한다. 1단을 뜨면 총 77[79/82]코가 된다.
2단 : 처음 5[5/6]코는 안뜨기로 쭉 뜨면서 덮어씌워 코막음 하고 남은 코들 쭉 안뜨기를 한다. 2단을 뜨면 총 72[74/76]코가 된다.
3단 : 겉뜨기 1코, 오른코 겹쳐 2코 모아뜨기, 3코 남을 때까지 겉뜨기, 왼코 겹쳐 2코 모아뜨기, 겉뜨기 1코
4단 : 안뜨기
5~60[62/64]단 : 홀수 단은 3단과 동일하게, 짝수 단은 4단과 동일하게 진행한다. 60[62/64]단까지 뜨면 총 14[14/14]코가 된다.
61[63/65]~69[71/73]단 : 소매(2장)가 대칭되도록 기호도를 따라 진행한다.

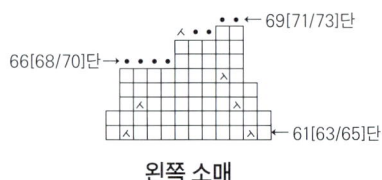

왼쪽 소매

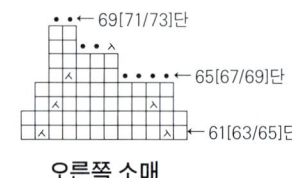

오른쪽 소매

【 소매 잇기 】

돗바늘에 실을 연결하고 그림을 참고해 왼쪽 앞판의 아랫부분+옆선(▲)과 뒤판 왼쪽의 아랫부분+옆선(▲)을 메리야스 잇기를 한다. 그다음 오른쪽 앞판의 아랫부분+옆선(△)과 뒤판 오른쪽의 아랫부분+옆선(△)도 잇는다.

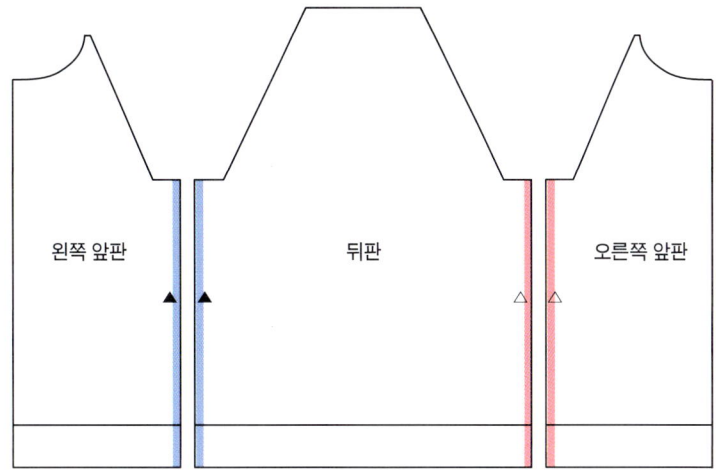

돗바늘에 실을 연결하고 그림을 참고해 오른쪽 소매와 왼쪽 소매를 각각 소매 고무단부터 소매통까지 양 끝이 맞닿도록 메리야스 잇기를 한다. 왼쪽 소매는 ◇와 ◇끼리, 오른쪽 소매는 ◆와 ◆끼리 잇는다.

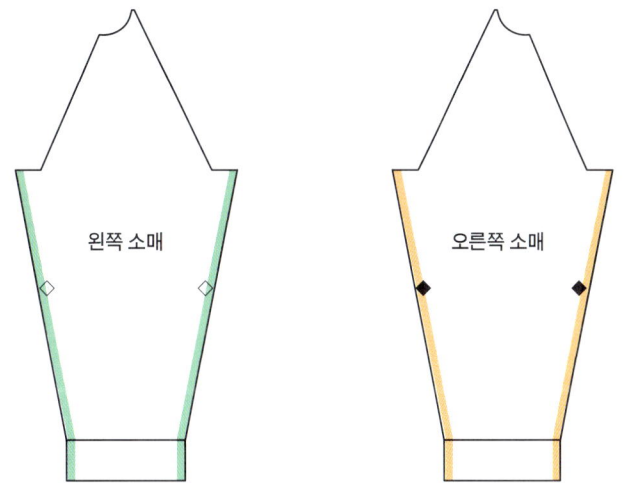

돗바늘에 실을 연결하고 몸판과 소매(2장)의 모양을 맞춰서 몸판의 왼쪽 래글런과 왼쪽 소매 래글런을, 몸판의 오른쪽 래글런과 오른쪽 소매 래글런을 메리야스 잇기를 한다.

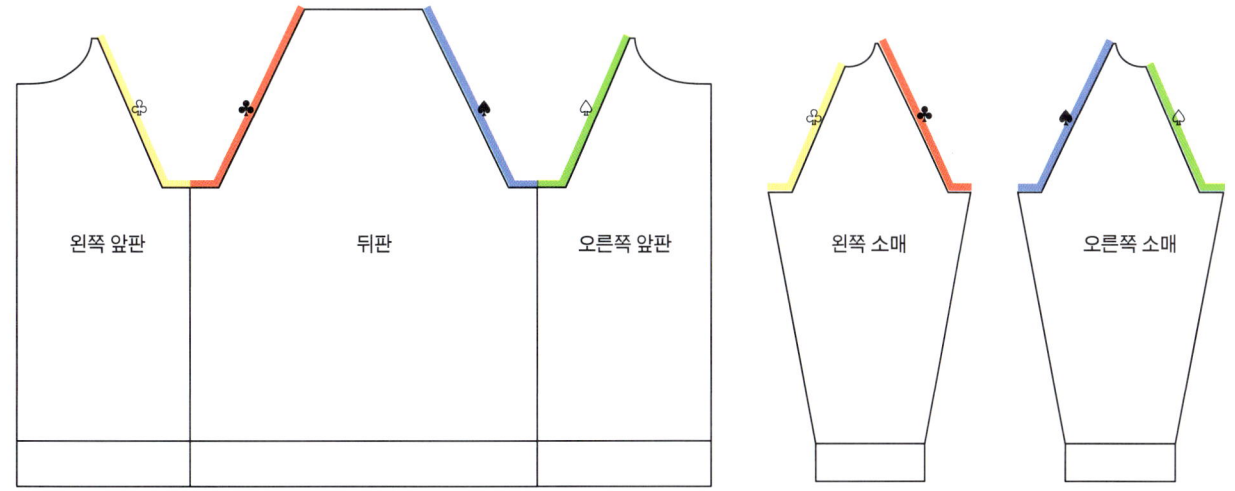

117

【 목둘레(가터뜨기) 】

3mm 대바늘을 이용해 뜨개바탕의 앞면을 보고 오른쪽 앞판 목 부분부터 시작해 왼쪽 앞판 목 부분까지 113[123/133]코 또는 근접한 콧수가 되도록 줍는다. 코를 주운 것이 1단이 된다.

2~6단까지 겉뜨기만 하는 가터뜨기를 뜬 다음 7단에서 겉뜨기를 하면서 덮어씌워 코막음을 한다.

【 왼쪽 앞단(가터뜨기) 】

3mm 대바늘을 이용해 왼쪽 앞단을 뜰 왼쪽 앞판의 앞면을 본 상태에서 목둘레부터 줍는다. 목둘레 가터뜨기 6단에서는 4코를 줍는다. 그다음부터 몸판 고무단까지는 3코를 줍고 1코 자리는 건너뛰는 방식으로 123[127/132]코 또는 근접한 콧수가 되도록 줍는다. 코를 주운 것이 1단이 된다.

2~6단까지 겉뜨기만 하는 가터뜨기를 뜬 다음 7단에서 겉뜨기하면서 덮어씌워 코막음을 한다. 단, 2~6단까지 매 단의 첫 코는 겉뜨기 방향으로 뜨지 않고 넘겨야 한다.

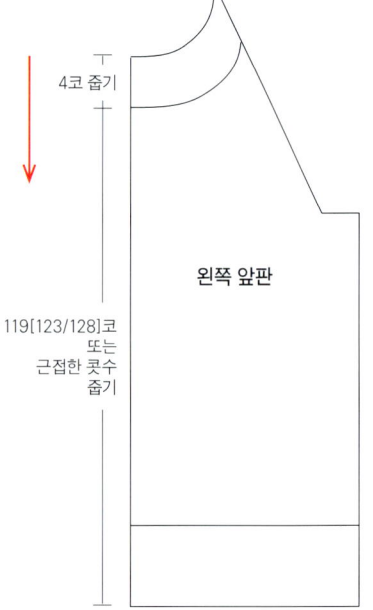

【 오른쪽 앞단(가터뜨기) 】

오른쪽 앞단에 단춧구멍을 만든다. 왼쪽 앞단과 뜨는 방법은 같은데 뜨기 전에 왼쪽 앞단을 참고해 단춧구멍 위치와 개수를 정한다. 이때 단춧구멍을 만드는 데 2코가 필요하므로 2코씩 위치와 개수를 정한다.

3mm 대바늘을 이용해 오른쪽 앞단을 뜰 오른쪽 앞판의 앞면을 본 상태에서 몸판 고무단부터 줍는다. 목둘레 직전까지는 3코를 줍고 1코 자리는 건너뛰는 방식으로 123[127/132]코 또는 근접한 콧수가 되도록 줍는다. 그다음 목둘레에서는 목둘레 가터뜨기 6단에서 4코를 줍는다. 코를 주운 것이 1단이 된다.

2~6단까지 겉뜨기만 하는 가터뜨기를 하는데 5단에서 단춧구멍으로 정한 2코가 나올 때마다 그 2코를 왼코 겹쳐 2코 모아뜨기와 바늘비우기한다. 겉뜨기하다가 단춧구멍으로 정한 2코가 나오면 2코를 한꺼번에 겉뜨기하고 실을 바늘 앞에 두고 그다음 겉뜨기를 한다. 단, 2~6단까지 매 단의 첫 코는 겉뜨기 방향으로 뜨지 않고 넘겨야 한다. 여기까지 뜨고 7단에서 겉뜨기하면서 덮어씌워 코막음을 한다.

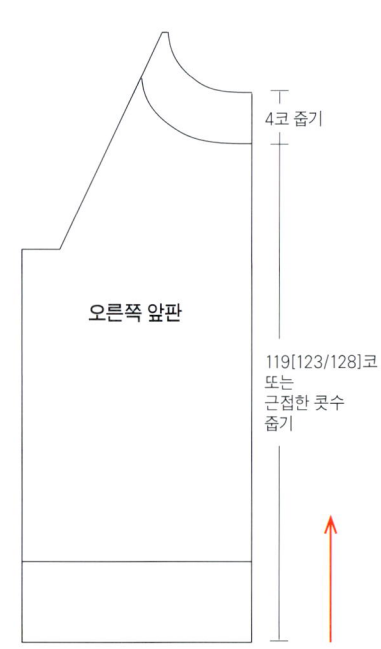

포인티드 아일렛 카디건
Pointed Eyelet Cardigan

이 책에서 가장 고난이도의 작품이 되지 않을까 싶습니다. 바늘비우기를 이용한 무늬와 메리야스 뜨기가 사선으로 배치된 품이 넓은 오버핏 디자인의 카디건입니다. 뒤판과 앞판 2장을 바텀 업으로 각각 떠서 잇고 진동둘레에서 코를 주워 소매를 떠내려가는 패턴입니다. 몸판의 진동둘레에서 코를 주울 때 줍는 콧수와 위치를 도안 따라 신경을 써주면 몸판과 소매가 이어져 보이는 디테일을 완성할 수 있습니다.

포인티드 아일렛 카디건
Pointed Eyelet Cardigan

실 산네스 간 선데이 (8521 더스티 라이트 그린)+틴 실크 모헤어 (8521 더스티 라이트 그린) M:6볼+6볼[L:7볼+7볼]

대바늘 3mm, 3.5mm

게이지 메리야스뜨기(3.5mm 대바늘) 24코×32단, 무늬뜨기(3.5mm 대바늘) 24코×37단

사이즈 총길이 M:51cm[L:53cm], 가슴 단면 M:51cm[L:55cm]

M사이즈[L사이즈] 표기

【 뒤판 아랫부분(평뜨기) 】

1 고무단(3mm 대바늘)

1단 : 3mm 대바늘을 이용해 126[138]코를 선호하는 방법으로 만든다.

2단 : '안뜨기 2코, 겉뜨기 2코'를 반복하다가 2코가 남았을 때 안뜨기를 2코 뜬다.

3단 : '겉뜨기 2코, 안뜨기 2코'를 반복하다가 2코가 남았을 때 겉뜨기를 2코 뜬다.

4~29단 : 짝수 단은 2단과 동일하게, 홀수 단은 3단과 동일하게 진행한다.

30단 : '안뜨기 30[33]코를 뜨고 나서 2코를 한꺼번에 안뜨기'하는 것을 3번 반복하고 안뜨기 30[33]코를 뜬다. 이렇게 되면 3[3]코가 줄어서 총 123[135]코가 된다.

2 뒤판 아랫부분 무늬뜨기(3.5mm 대바늘)

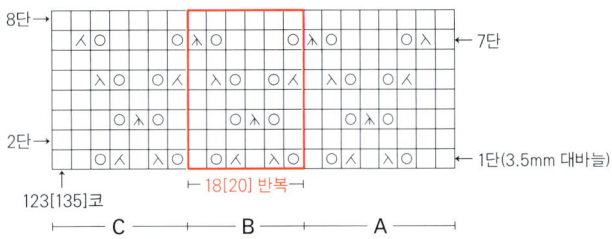

1단 : 3.5mm 대바늘로 바꿔 1단 A를 뜬 뒤 B를 18[20]번 반복하고 C를 뜬다.

2단 : 2단 C를 뜬 뒤 B를 18[20]번 반복하고 A를 뜬다.

3단 : 3단 A를 뜬 뒤 B를 18[20]번 반복하고 C를 뜬다.

4단 : 4단 C를 뜬 뒤 B를 18[20]번 반복하고 A를 뜬다.

5단 : 5단 A를 뜬 뒤 B를 18[20]번 반복하고 C를 뜬다.

6단 : 6단 C를 뜬 뒤 B를 18[20]번 반복하고 A를 뜬다.

7단 : 7단 A를 뜬 뒤 B를 18[20]번 반복하고 C를 뜬다.

8단 : 8단 C를 뜬 뒤 B를 18[20]번 반복하고 A를 뜬다.

※짝수 단은 설명대로 뜨면 전부 안뜨기가 된다.

1~8단을 8[8]번 더 반복한다. 이렇게 하면 총 9[9]번을 뜨게 되고 72단이 된다. 그다음 선택한 사이즈의 뒤판 윗부분을 이어서 뜬다.

【 오른쪽 앞판 아랫부분(평뜨기) 】

1 고무단(3mm 대바늘)

1단 : 3mm 대바늘을 이용해 63[67]코를 선호하는 방법으로 만든다.
2단 : '안뜨기 2코, 겉뜨기 2코'를 반복하다가 3코가 남았을 때 안뜨기를 3코 뜬다.
3단 : 겉뜨기를 3코 뜨고 '안뜨기 2코, 겉뜨기 2코'를 반복한다.
4~29단 : 짝수 단은 2단과 동일하게, 홀수 단은 3단과 동일하게 진행한다.
30단 : '안뜨기 14[32]코를 뜨고 나서 2코를 한꺼번에 안뜨기'하는 것을 3[1]번 반복하고 안뜨기를 15[33]코 뜬다. 이렇게 하면 3[1]코가 줄어들어 총 60[66]코가 된다.

2 오른쪽 앞판 아랫부분 무늬뜨기(3.5mm 대바늘)

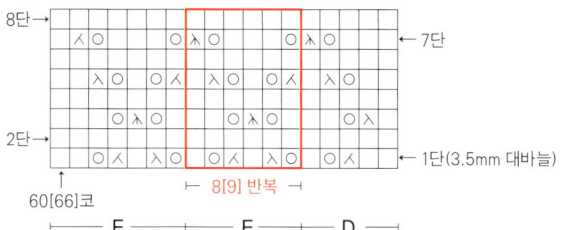

1단 : 3.5mm 대바늘로 바꿔 1단 D를 뜬 뒤 E를 8[9]번 반복하고 F를 뜬다.
2단 : 2단 F를 뜬 뒤 E를 8[9]번 반복하고 D를 뜬다.
3단 : 3단 D를 뜬 뒤 E를 8[9]번 반복하고 F를 뜬다.
4단 : 4단 F를 뜬 뒤 E를 8[9]번 반복하고 D를 뜬다.
5단 : 5단 D를 뜬 뒤 E를 8[9]번 반복하고 F를 뜬다.
6단 : 6단 F를 뜬 뒤 E를 8[9]번 반복하고 D를 뜬다.
7단 : 7단 D를 뜬 뒤 E를 8[9]번 반복하고 F를 뜬다.
8단 : 8단 F를 뜬 뒤 E를 8[9]번 반복하고 D를 뜬다.
※짝수 단은 설명대로 뜨면 전부 안뜨기가 된다.

1~8단을 8[8]번 더 반복한다. 이렇게 하면 총 9[9]번을 뜨게 되고 72단이 된다. 그다음 선택한 사이즈의 오른쪽 앞판 윗부분을 이어서 뜬다.

【 왼쪽 앞판 아랫부분(평뜨기) 】

1 고무단(3mm 대바늘)

1단 : 3mm 대바늘로 63[67]코를 선호하는 방법으로 만든다.
2단 : 안뜨기를 3코 뜨고 '겉뜨기 2코, 안뜨기 2코'를 반복한다.
3단 : '겉뜨기 2코, 안뜨기 2코'를 반복하다가 3코 남았을 때 겉뜨기를 3코 뜬다.
4~29단 : 짝수 단은 2단과 동일하게, 홀수 단은 3단과 동일하게 진행한다.
30단 : '안뜨기 14[32]코를 뜨고 나서 2코를 한꺼번에 안뜨기'하는 것을 3[1]번 반복하고 안뜨기를 15[33]코 뜬다. 이렇게 하면 3[1]코가 줄어들어 총 60[66]코가 된다.

2 왼쪽 앞판 아랫부분 무늬뜨기(3.5mm 대바늘)

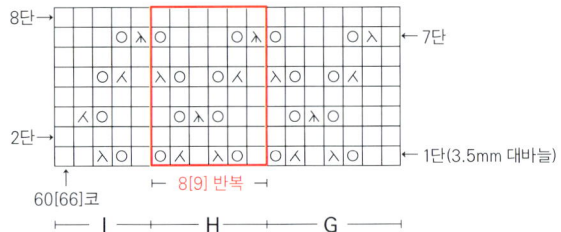

1단 : 3.5mm 대바늘로 바꿔 1단 G를 뜬 뒤 H를 8[9]번 반복하고 I를 뜬다.
2단 : 2단 I를 뜬 뒤 H를 8[9]번 반복하고 G를 뜬다.
3단 : 3단 G를 뜬 뒤 H를 8[9]번 반복하고 I를 뜬다.
4단 : 4단 I를 뜬 뒤 H를 8[9]번 반복하고 G를 뜬다.
5단 : 5단 G를 뜬 뒤 H를 8[9]번 반복하고 I를 뜬다.
6단 : 6단 I를 뜬 뒤 H를 8[9]번 반복하고 G를 뜬다.
7단 : 7단 G를 뜬 뒤 H를 8[9]번 반복하고 I를 뜬다.
8단 : 8단 I를 뜬 뒤 H를 8[9]번 반복하고 G를 뜬다.
※짝수 단을 설명대로 뜨면 전부 안뜨기가 된다.

1~8단을 8[8]번 더 반복한다. 이렇게 하면 총 9[9]번을 뜨게 되고 72단이 된다. 그다음 선택한 사이즈의 왼쪽 앞판 윗부분을 이어서 뜬다.

【 M사이즈 뒤판 윗부분(평뜨기) 】

뒤판 아랫부분(72단)을 뜨고 뒤판 윗부분을 진행한다. 1단 중심부터 시작하는 사선 아일렛무늬에 주의한다. 도안의 ◆와 ◆는 소매를 뜰 때 코를 줍는 위치이므로 지금은 신경 쓰지 않아도 된다. 어깨까지 뜨고 실은 어깨너비의 4배를 남기고 자른 뒤 어깨핀이나 별실에 옮겨둔다.

뒤판 하나의 도안을 반으로 나누어 양페이지에 실었습니다. 도안을 보실 때는 하나의 도안으로 이어보시기 바랍니다.

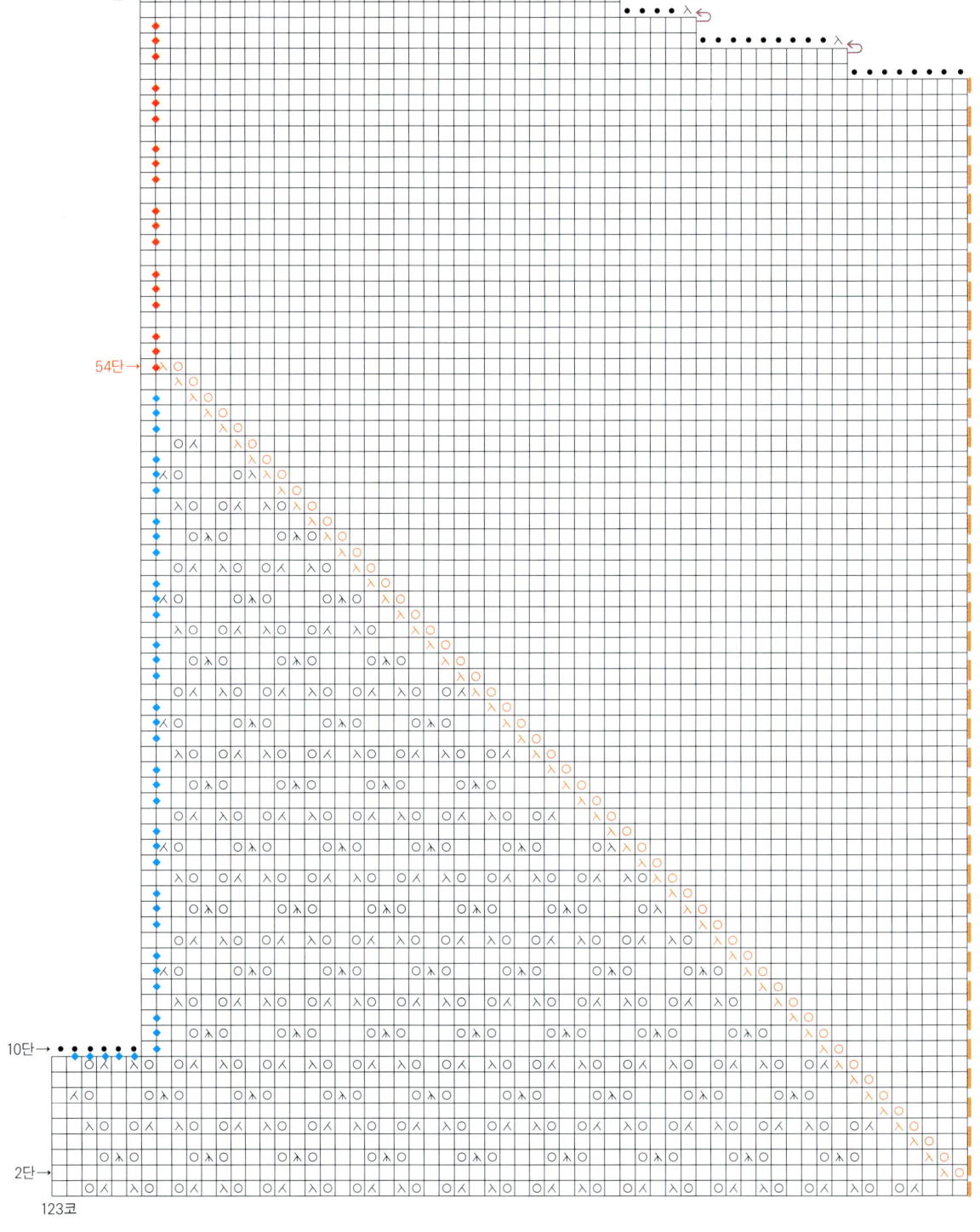

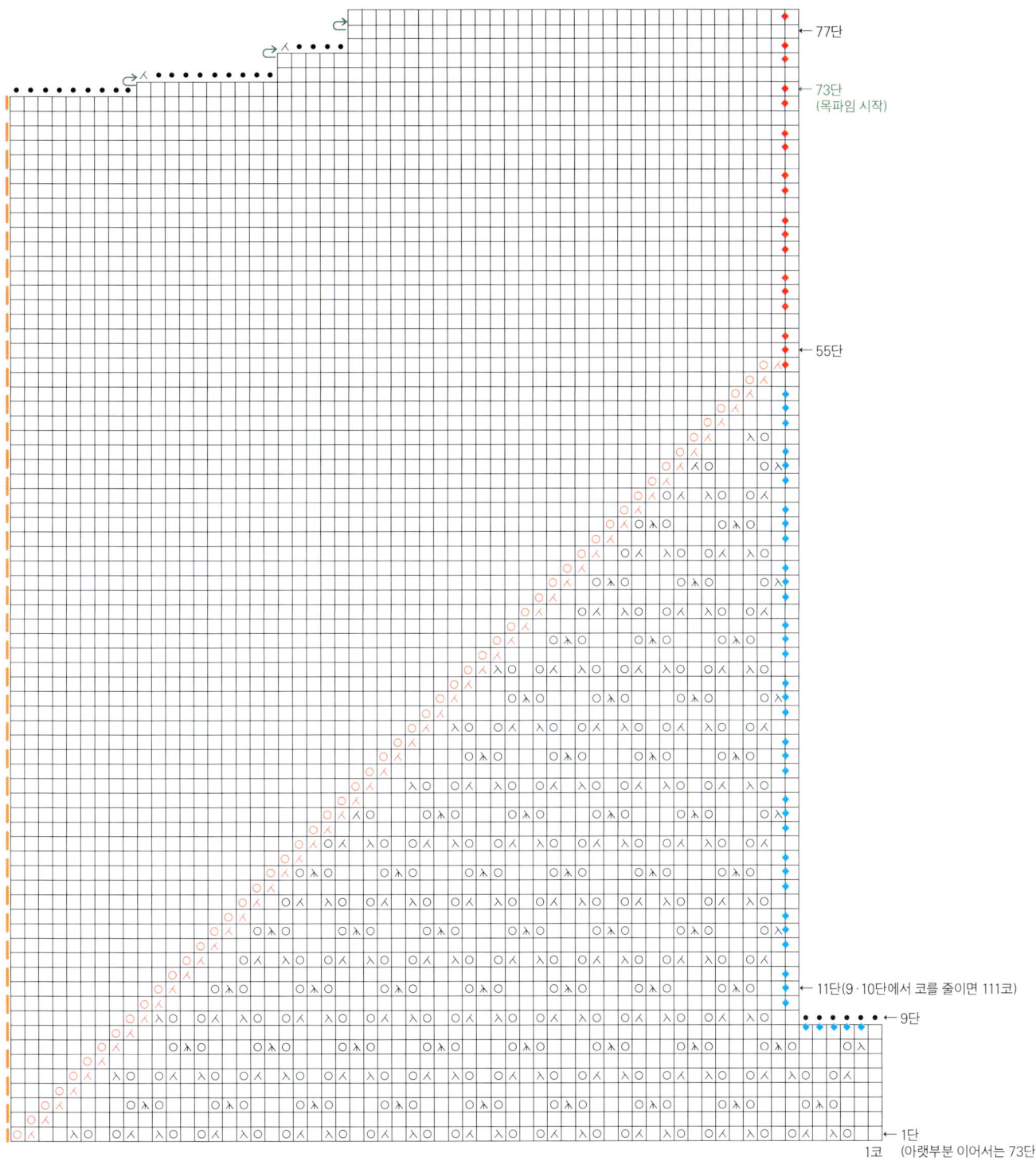

【 L사이즈 뒤판 윗부분(평뜨기) 】

뒤판 아랫부분(72단)을 뜨고 뒤판 윗부분을 진행한다. 단, 1단 중심부터 시작하는 사선 아일렛무늬에 주의한다. 도안의 ◆와 ◆는 소매를 뜰 때 코를 줍는 위치이므로 지금은 신경 쓰지 않아도 된다. 어깨까지 뜨고 실은 어깨너비의 4배를 남기고 자른 뒤 어깨핀이나 별실에 옮겨둔다.

뒤판 하나의 도안을 반으로 나누어 양페이지에 실었습니다. 도안을 보실 때는 하나의 도안으로 이어보시기 바랍니다.

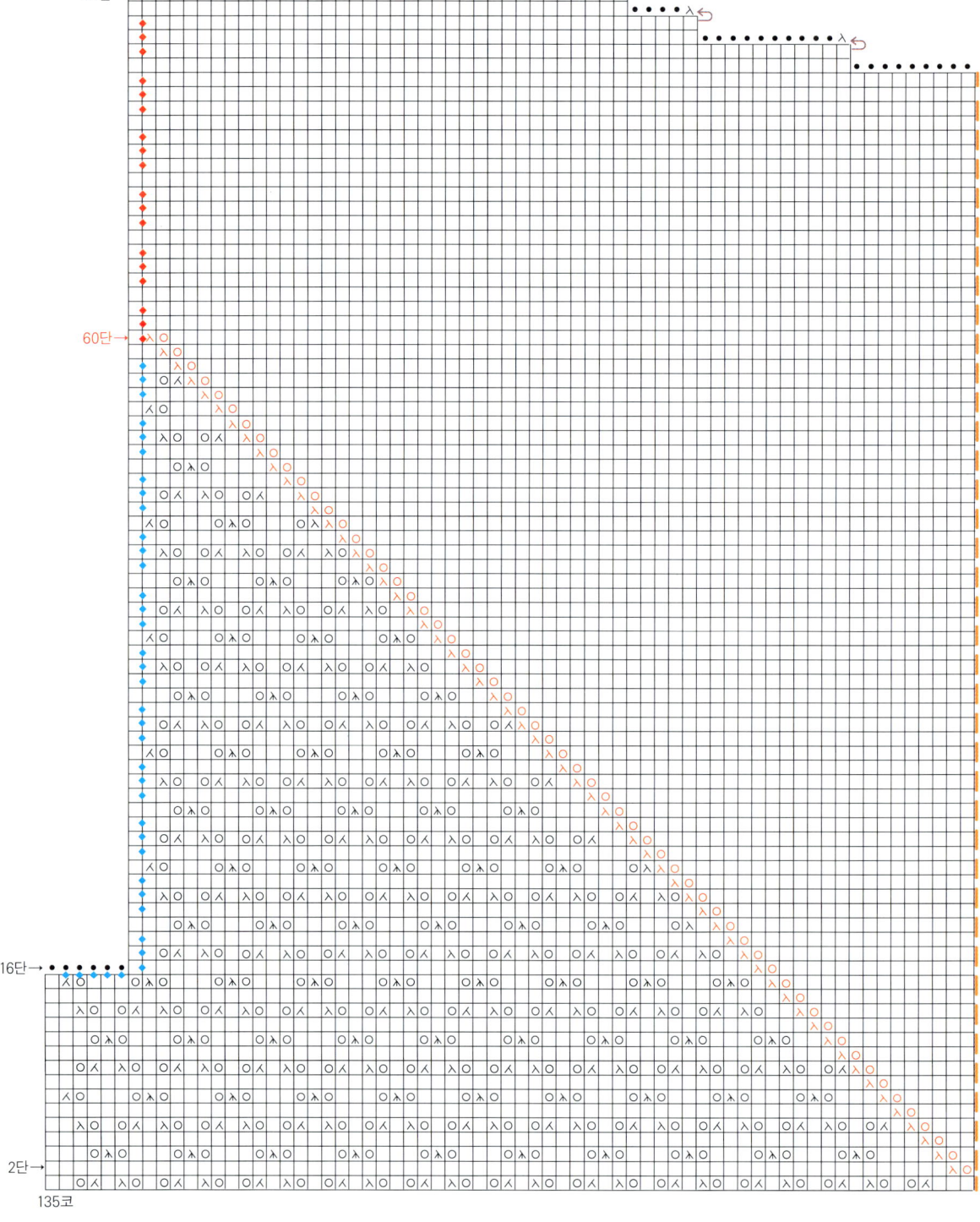

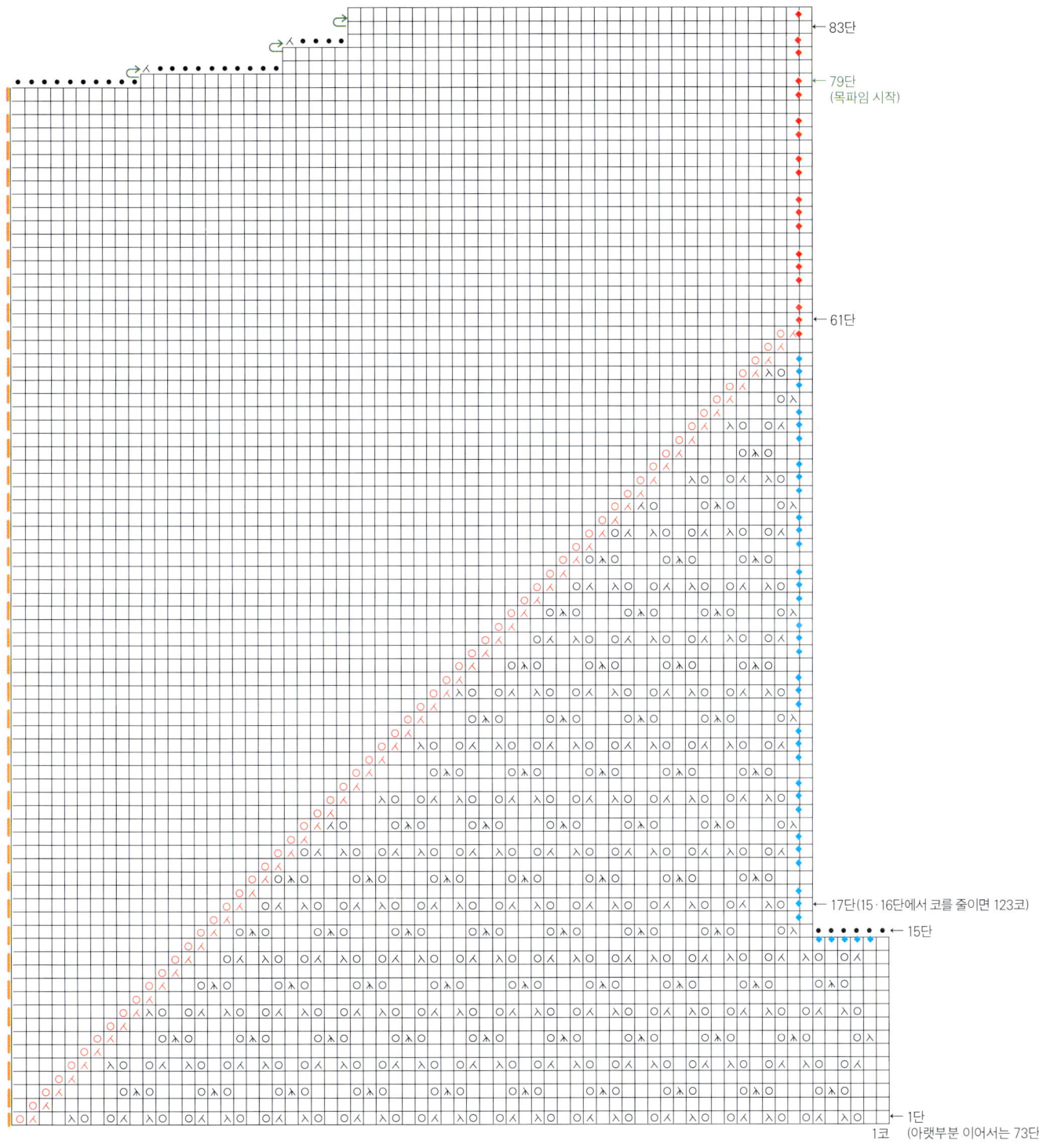

【 M사이즈 앞판 윗부분(평뜨기) 】

오른쪽 앞판과 왼쪽 앞판 아랫부분(72단)을 각각 뜨고, 오른쪽 앞판과 왼쪽 앞판 윗부분을 진행한다. 단, 5단부터 시작하는 사선 아일렛무늬에 주의한다. 도안의 ◆와 ◆는 소매를 뜰 때 코를 줍는 위치이므로 지금은 신경 쓰지 않아도 된다. 어깨까지 뜨고 실은 어깨너비의 4배를 남기고 자른 뒤 어깨핀이나 별실에 옮겨둔다.

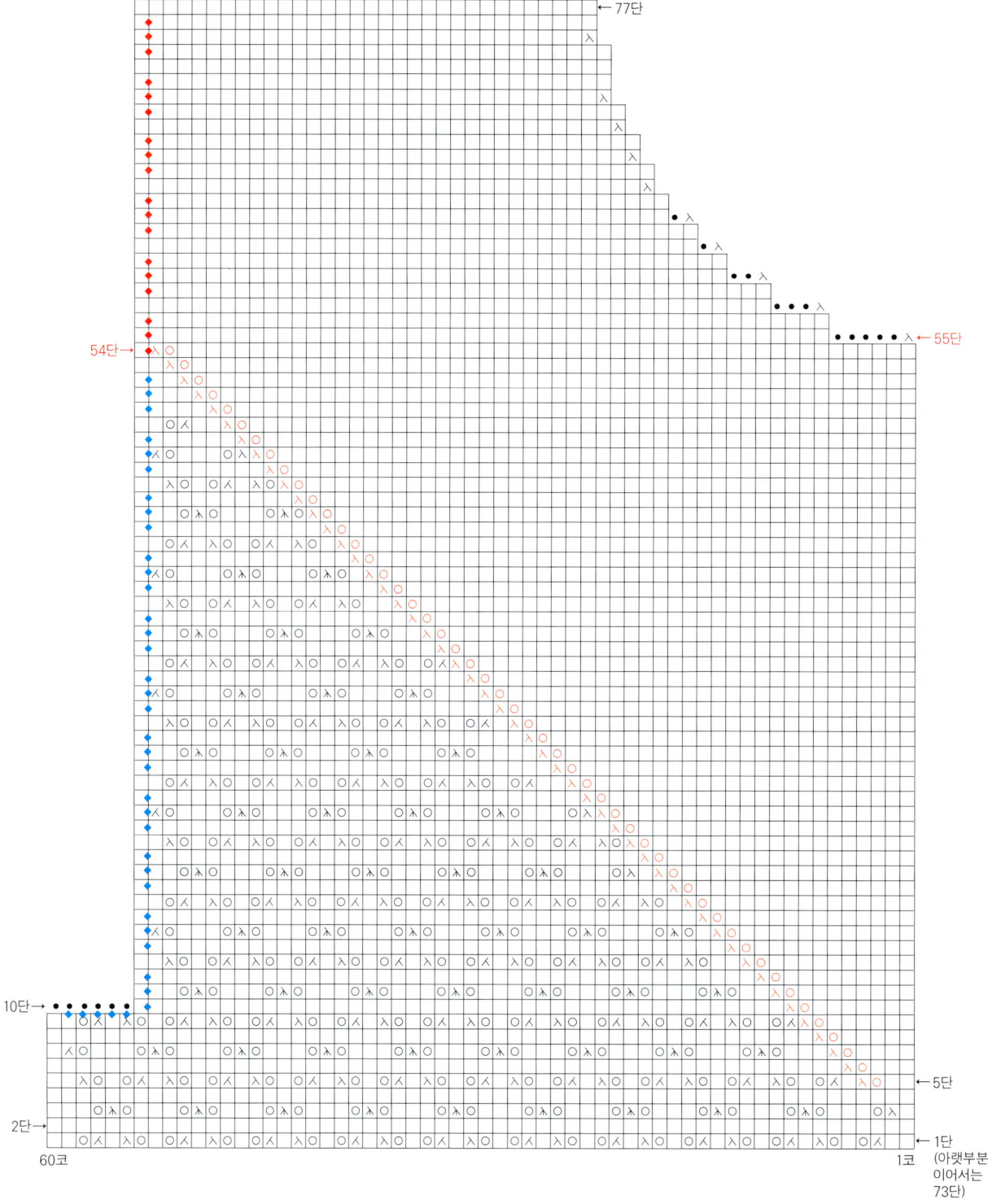

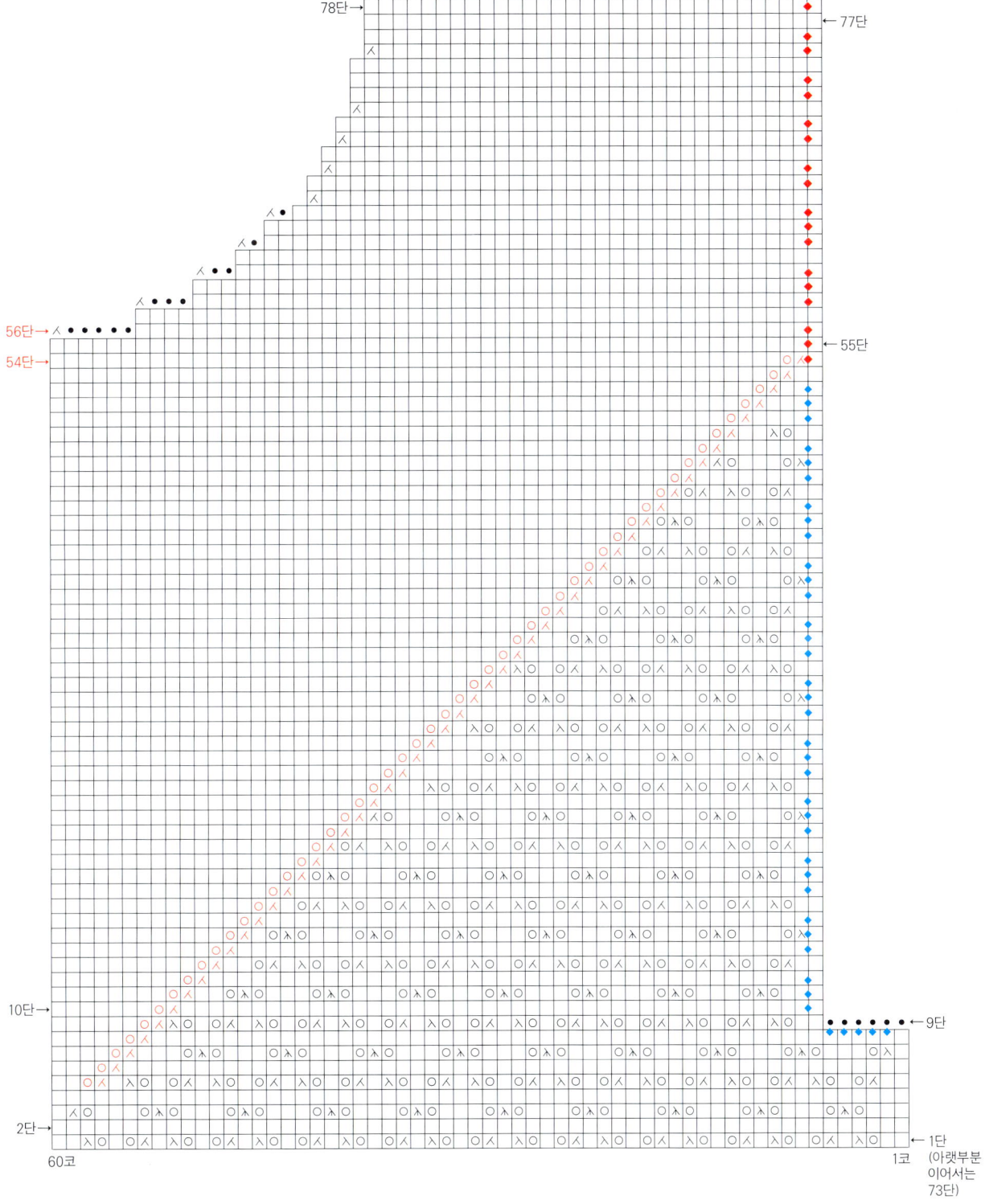

【 L사이즈 앞판 윗부분(평뜨기) 】

오른쪽 앞판과 왼쪽 앞판 아랫부분(72단)을 각각 뜨고, 오른쪽 앞판과 왼쪽 앞판 윗부분을 진행한다. 단, 5단부터 시작하는 사선 아일렛무늬에 주의한다. 도안의 ◆와 ◆는 소매를 뜰 때 코를 줍는 위치이므로 지금은 신경 쓰지 않아도 된다. 어깨까지 뜨고 실은 어깨너비의 4배를 남기고 자른 뒤 어깨핀이나 별실에 옮겨둔다.

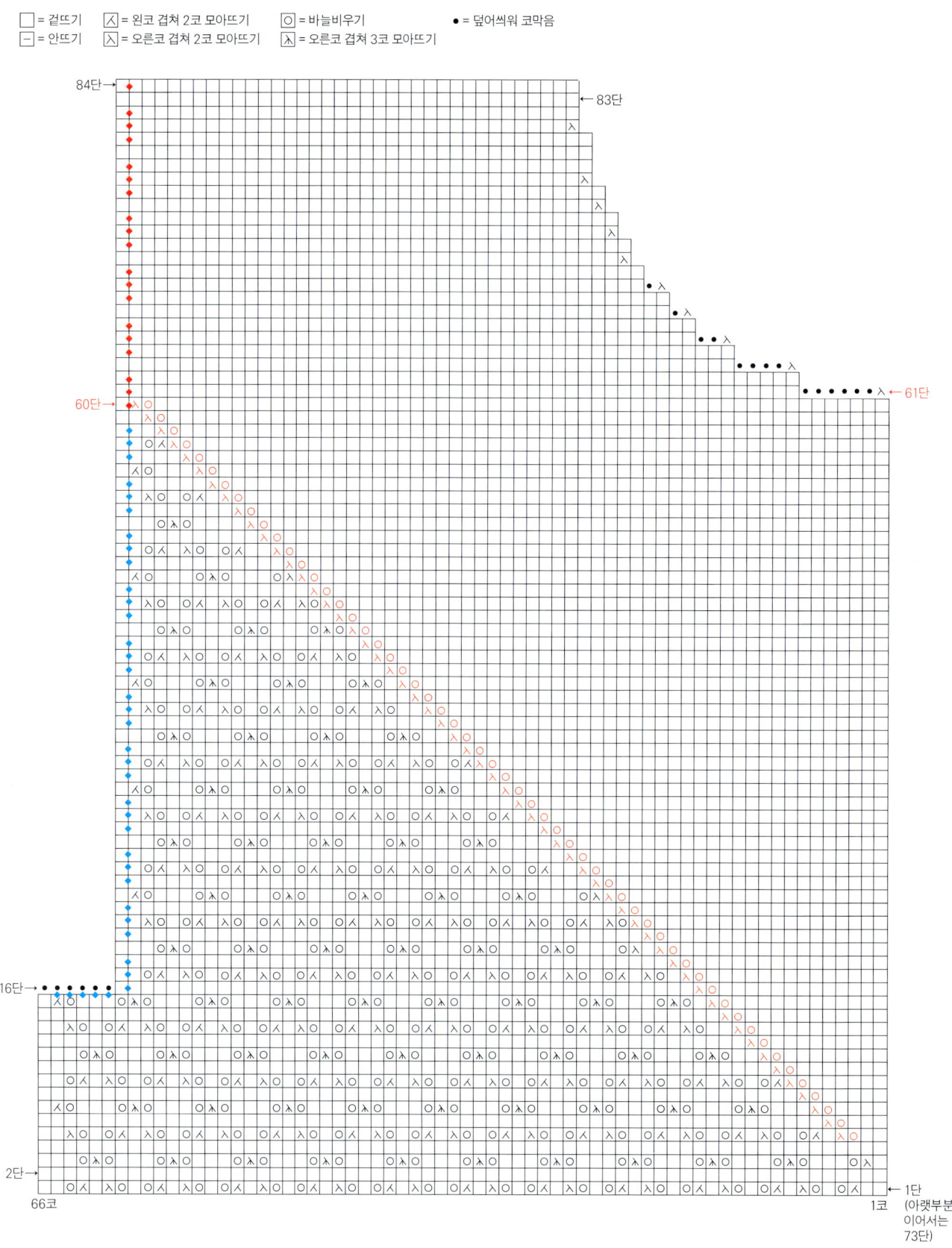

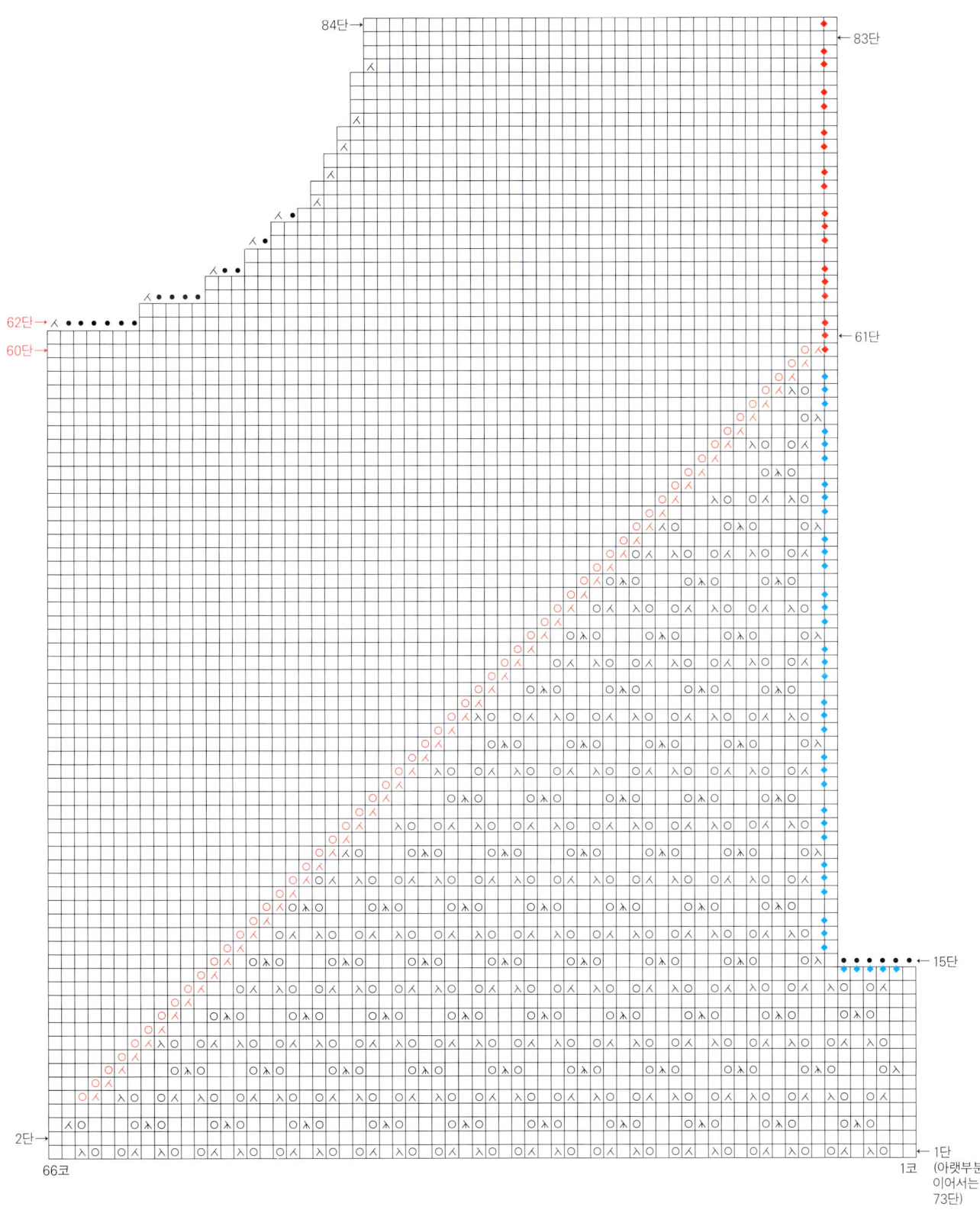

【 몸판 잇기 】

뒤판의 앞면이 위로 올라오게 바닥에 놓고 그 위에 오른쪽 앞판과 왼쪽 앞판의 뒷면이 위로 올라오게 겹쳐서 어깨를 잇는다. 그다음 앞면이 겉으로 나오게 뜨개바탕을 뒤집고 돗바늘에 새 실을 연결해 양쪽 옆선을 각각 잇는다.

【 목둘레(평뜨기) 】

3mm 대바늘을 이용해 연결한 몸판의 앞면(겉)을 보는 상태에서 '오른쪽 앞판→뒤판→왼쪽 앞판' 순으로 목둘레에서 코를 줍는다. 이때 콧수는 124[132]코 또는 [4배수] 코가 되도록 한다.

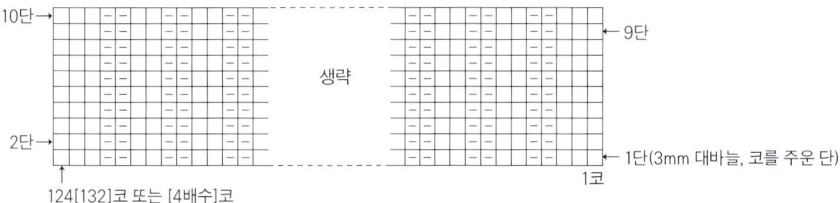

1단 : 3mm 대바늘을 이용해 124[132]코 또는 [4배수] 코를 줍는다.
2단 : 안뜨기 3코, '겉뜨기 2코, 안뜨기 2코'를 5코가 남을 때까지 반복하고 겉뜨기 2코, 안뜨기를 3코 한다.
3단 : 겉뜨기 3코, '안뜨기 2코, 겉뜨기 2코'를 5코가 남을 때까지 반복하고 안뜨기 2코, 겉뜨기를 3코 한다.
4~10단 : 짝수 단은 2단과 동일하게, 홀수 단은 3단과 동일하게 진행한다.
10단까지 뜨고 원하는 방법으로 코막음한다.

【 왼쪽 앞단(평뜨기) 】

M사이즈[L사이즈] 왼쪽 앞단

3mm 대바늘을 이용해 왼쪽 앞판의 앞면을 보면서 목둘레부터 몸판 고무단까지 4코를 연달아 줍고 1코 자리 건너뛰는 방식으로 코를 주워 왼쪽 앞단을 뜬다. 이때 콧수는 138[146]코 또는 [4배수+2]코가 되도록 한다.

1단 : 3mm 대바늘로 138[146]코 또는 [4배수+2]코를 줍는다.
2단 : '안뜨기 2코, 겉뜨기 2코'를 반복하다가 2코가 남았을 때 안뜨기를 2코 뜬다.
3단 : '겉뜨기 2코, 안뜨기 2코'를 반복하다가 2코가 남았을 때 겉뜨기를 2코 뜬다.
4~10단 : 짝수 단은 2단과 동일하게, 홀수 단은 3단과 동일하게 진행한다.
10단까지 뜨고 원하는 방식으로 코막음한다.

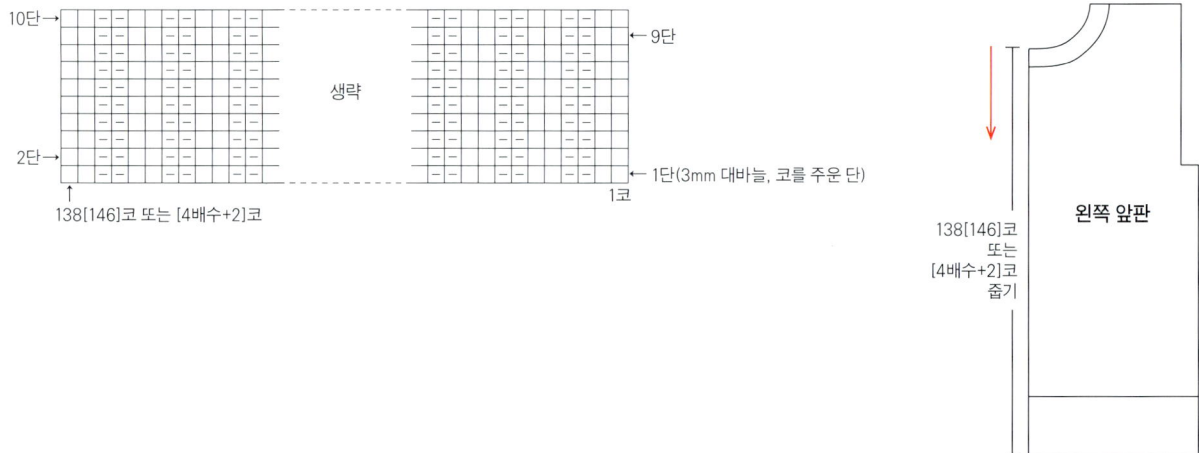

【 오른쪽 앞단(평뜨기) 】

왼쪽 앞단을 뜨고 오른쪽 앞판도 같은 방법으로 진행한다. 오른쪽 앞판 앞면을 보고 몸판 고무단부터 목둘레까지 코를 주워 오른쪽 앞단을 뜬다. 이때 오른쪽 앞단에 단춧구멍을 내야 한다. 오른쪽 앞단을 뜨는 10단 중 5단을 뜰 때 단춧구멍을 만든다.
콧수가 기호도와 달라져 단춧구멍 위치가 맞지 않는다면 원하는 단춧구멍 자리를 앞면에서 봤을 때 안뜨기 2코 뜨는 자리로 정하고 5단을 뜰 때 그 위치에서 '왼코 겹쳐 2코 모아 안뜨기, 바늘비우기'를 한다.

M사이즈 오른쪽 앞단

1~10단 : 5단을 제외하고 나머지는 왼쪽 앞단과 같은 방법으로 진행한다.
5단 : '겉뜨기 2코, 안뜨기 2코'×2번을 반복하고
'겉뜨기 2코, 왼코 겹쳐 2코 모아 안뜨기, 바늘비우기', '겉뜨기 2코, 안뜨기 2코'×5번을 반복하고
'겉뜨기 2코, 왼코 겹쳐 2코 모아 안뜨기, 바늘비우기'×5번을 반복하고 겉뜨기 2코, 안뜨기 2코, 겉뜨기 2코를 한다.

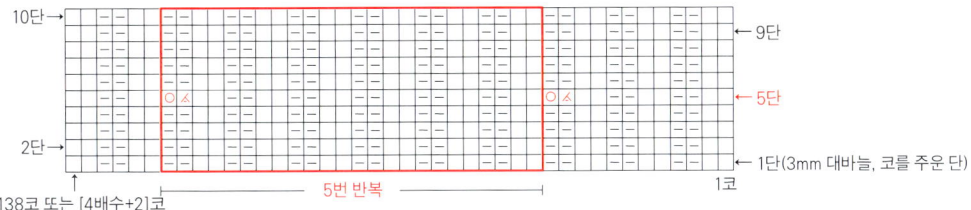

L사이즈 오른쪽 앞단

1~10단 : 5단을 제외하고 나머지는 왼쪽 앞단과 같은 방법으로 진행한다.
5단 : '겉뜨기 2코, 안뜨기 2코, 겉뜨기 2코, 왼코 겹쳐 2코 모아 안뜨기, 바늘비우기', '겉뜨기 2코, 안뜨기 2코'×2번을 반복하고
'겉뜨기 2코, 왼코 겹쳐 2코 모아 안뜨기, 바늘비우기', '겉뜨기 2코, 안뜨기 2코'×5번을 반복하고
'겉뜨기 2코, 왼코 겹쳐 2코 모아 안뜨기, 바늘비우기'×5번을 반복하고 겉뜨기 2코, 안뜨기 2코, 겉뜨기 2코를 한다.

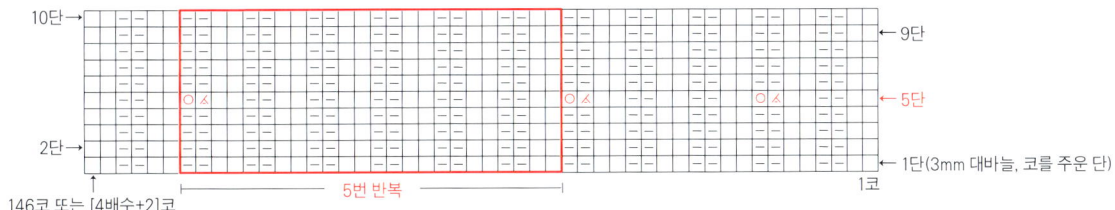

【 소매(원통뜨기) 】

몸판을 다 잇고 나서 오른쪽 소매는 뒤판 시작 부분부터, 왼쪽 소매는 앞판 시작 부분부터 겉면을 보고 오른쪽에서 왼쪽 방향으로 3.5mm 대바늘을 이용해 코를 줍는다. 앞·뒤판 도안의 ◆와 ◆를 참고해 앞·뒤판 각각의 54[60]단부터 위로 ◆는 앞·뒤판을 합해 37코, 53[59]단부터 아래로 ◆는 앞·뒤판을 합해 76코가 되도록 줍는다. 이때 54[60]단에서 ◆에 해당하는 37코 중 첫 코를 주워야 몸판 무늬와 이어진다. 그림을 참고해 원통뜨기로 처음 ◆에서 38코, ◆에서 37코, ◆에서 38코를 주워서 총 113코가 된다.

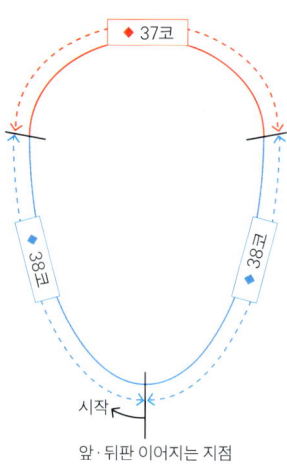

코를 다 줍고 나면 소매를 뜬다. 이때 첫 코와 마지막 코 사이의 줄바늘에 마커를 달아 단의 시작을 표시하면 좋다. 그다음 다음 기호도를 따라서 8단을 뜬다. 원통뜨기이므로 단마다 'A 겉뜨기, B 무늬뜨기, C 겉뜨기' 순으로 기호도를 보며 진행한다.

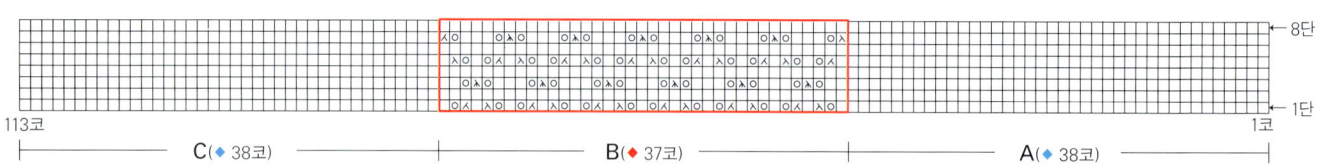

그다음 1단에서 단의 시작과 마지막에 코 줄이기를 하는 다음 기호도(1~8단)를 18번 반복한다. 그러면 총 152단을 뜨게 되는데 그중 151단까지 77코가 되고 152단에서 '3코 겉뜨기, 왼코 겹쳐 2코 모아뜨기, 2코 겉뜨기, 왼코 겹쳐 2코 모아뜨기'×8번 반복하고 '3코 겉뜨기, 왼코 겹쳐 2코 모아뜨기'를 해서 60코로 만든다.

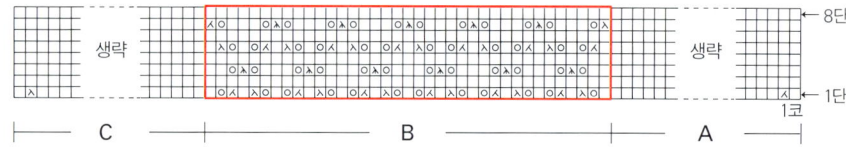

1단 : 'A에서 겉뜨기 1코, 왼코 겹쳐 2코 모아뜨기, 나머지 코 겉뜨기', B 무늬뜨기, 'C에서 3코 남을 때까지 겉뜨기, 오른코 겹쳐 2코 모아뜨기, 겉뜨기 1코'
2~8단 : 짝수 단은 겉뜨기만 하고, 홀수 단은 'A 겉뜨기, B 무늬뜨기, C 겉뜨기' 순으로 진행한다.
이렇게 1~8단까지 18번을 반복한다.

이 60코를 가지고 3mm 대바늘로 바꿔 2코 고무뜨기(겉뜨기 2코, 안뜨기 2코 반복)를 24단 뜬다. 24단까지 뜨고 원하는 방법으로 코막음을 한다. 이런 방식으로 오른쪽 소매와 왼쪽 소매를 동일하게 각각 작업한다.

아일렛 라인 크롭 카디건
Eyelet Line Crop Cardigan

바늘비우기를 이용한 아일렛무늬로 만드는 여성스러운 디자인의 카디건이에요. 몸판 밑부터 앞·뒤판을 이어 통으로 평뜨기를 하다가 진동둘레부터 앞판과 뒤판으로 분리해 평뜨기를 뜬 다음, 어깨를 잇고 진동둘레에서 코를 주워 소매를 원통뜨기합니다. 단, 앞단은 몸통을 뜰 때부터 같이 해야 하며, 앞판을 뜨고 나서는 앞단 코만 살려두었다가 목둘레를 뜰 때 같이 한다는 점에 주의하세요.

아일렛 라인 크롭 카디건
Eyelet Line Crop Cardigan

실 산네스 간 선데이 (2345 크루아상)+틴 실크 모헤어 (2543 브라운 슈거) S:5볼+5볼[M:6볼+6볼/L:7볼+7볼]
대바늘 3.5mm, 4mm
게이지 메리야스뜨기(4mm 대바늘) 23코×31단

사이즈 총길이 S:51cm[M:53cm/L:55cm], 가슴 단면 S:48cm [M:52cm/L:56cm]

S사이즈[M사이즈/L사이즈] 표기

【 고무단(평뜨기) 】

1단 : 3.5mm 대바늘을 이용해 235[255/275]코를 선호하는 방법으로 만든다.
2단 : 실을 바늘 앞에 두고 '2코를 한꺼번에 안뜨기 방향으로 뜨지 않고 넘기기', '안뜨기 1코, 겉뜨기 1코'를 반복하다가 3코가 남았을 때 안뜨기를 3코 뜬다.
3단 : 실을 바늘 뒤에 두고 '2코를 한꺼번에 안뜨기 방향으로 뜨지 않고 넘기기', '겉뜨기 1코, 안뜨기 1코'를 반복하다가 3코가 남았을 때 겉뜨기를 3코 뜬다.
4~20단 : 짝수 단은 2단과 동일하게, 홀수 단은 3단과 동일하게 진행한다.
11단 : 6·7번째 코에 실을 바늘 앞에 둔 상태(바늘비우기)에서 2코를 한꺼번에 겉뜨기(왼코 겹쳐 2코 모아뜨기)해 단춧구멍을 만든다.

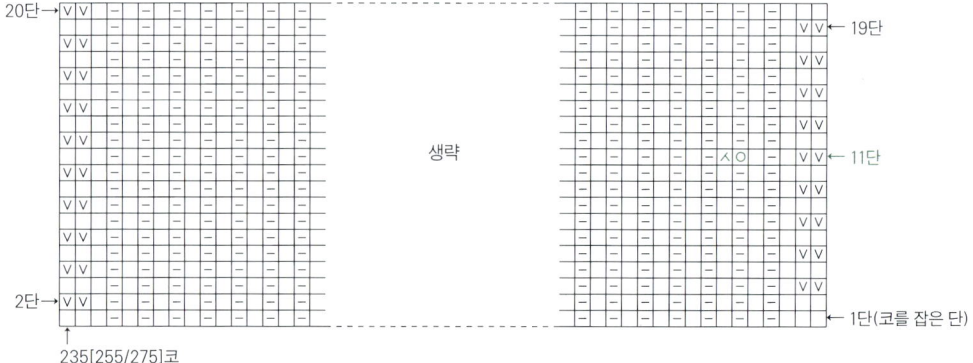

【 몸판 아랫부분(평뜨기) 】

4mm 대바늘로 변경해 235[255/275]코를 가지고 68[74/80]단을 뜬다. 양 끝 8코씩은 고무단을 뜰 때와 동일하게 계속하면서 몸판을 진행한다.
  홀수 단 : 8코 앞단 뜨기, 28코 아일렛무늬뜨기, 겉뜨기 163[183/203]코, 28코 아일렛무늬뜨기, 8코 앞단 뜨기
  짝수 단 : 8코 앞단 뜨기, 219[239/259]코 안뜨기, 8코 앞단 뜨기
S:1단[M:7단/L:13단], S:21단[M:27단/L:33단], S:41단[M:47단/L:53단], S:61단[M:67단/L:73단]에서 단춧구멍을 만든다.
마지막 단에서 앞·뒤판을 덮어씌워 코막음으로 분리하며 뜬다.
  68[74/80]단 : 8코 앞단 뜨기, 49[54/59]코 안뜨기, 10코 안뜨기하며 덮어씌워 코막음, 101[111/121]코 안뜨기, 10코 안뜨기하며 덮어씌워 코막음, 49[54/59]코 안뜨기, 8코 앞단 뜨기

- □ = 겉뜨기
- ─ = 안뜨기
- Ⅴ = 걸러뜨기(뜨지 않고 넘기기)
- ○ = 바늘비우기
- ⁄ = 오른코 겹쳐 2코 모아뜨기
- ＼ = 왼코 겹쳐 2코 모아뜨기
- ⋏ = 중심 3코 모아뜨기
- • = 덮어씌워 코막음
- ⅤⅤ = 2코를 한꺼번에 안뜨기 방향으로 뜨지 않고 넘기기(홀수 단에서는 실을 바늘 뒤에, 짝수 단에서는 실을 바늘 앞에 둔다)
- ⁄○ = 실을 바늘 앞에 둔 상태(바늘비우기)에서 오른코 겹쳐 2코 모아뜨기
- ○＼ = 왼코 겹쳐 2코 모아뜨기한 다음 실을 안뜨기할 때처럼 바늘 앞에 둔다(바늘비우기). 실을 앞에 둔 상태에서 바늘비우기 코의 다음 코(기호도에서 겉뜨기)를 뜬다.
- ○⋏○ = 실을 바늘 앞에 둔 상태(1번째 바늘비우기)에서 3코를 가지고 중심 3코 모아뜨기를 한다. 다시 실을 바늘 앞에 두고(2번째 바늘비우기) 2번째 바늘비우기 코의 그다음 코(기호도에서 겉뜨기)를 뜬다.

【 오른쪽 앞판 윗부분(평뜨기) 】

몸판 아랫부분의 마지막 단을 뜨고 그 실과 4mm 대바늘을 이어서 오른쪽 앞판 윗부분을 뜬다. 이때 왼쪽 앞판 코들과 뒤판 코들을 별실이나 다른 바늘에 옮겨둔다.

홀수 단 : 8코 앞단 뜨기, 28코 아일렛무늬뜨기, 21[26/31]코 겉뜨기

짝수 단 : 21[26/31]코 안뜨기, 28코 안뜨기, 8코 앞단 뜨기

13단·33단 : 몸판에서 했던 대로 단춧구멍을 만든다.

1~36단 : 위와 같이 뜨다가 37단에서 앞단 8코를 뜨고 별실에 옮겨둔 다음 목줄임을 해 나간다.

37단 : 8코 앞단을 뜨고 8코를 그대로 별실에 옮긴다. '6코 덮어씌워 코막음, 22코 아일렛무늬뜨기, 21[26/31]코 겉뜨기'를 한다.

62단까지 뜨면 실을 어깨너비의 3.5배 남기고 자른다.

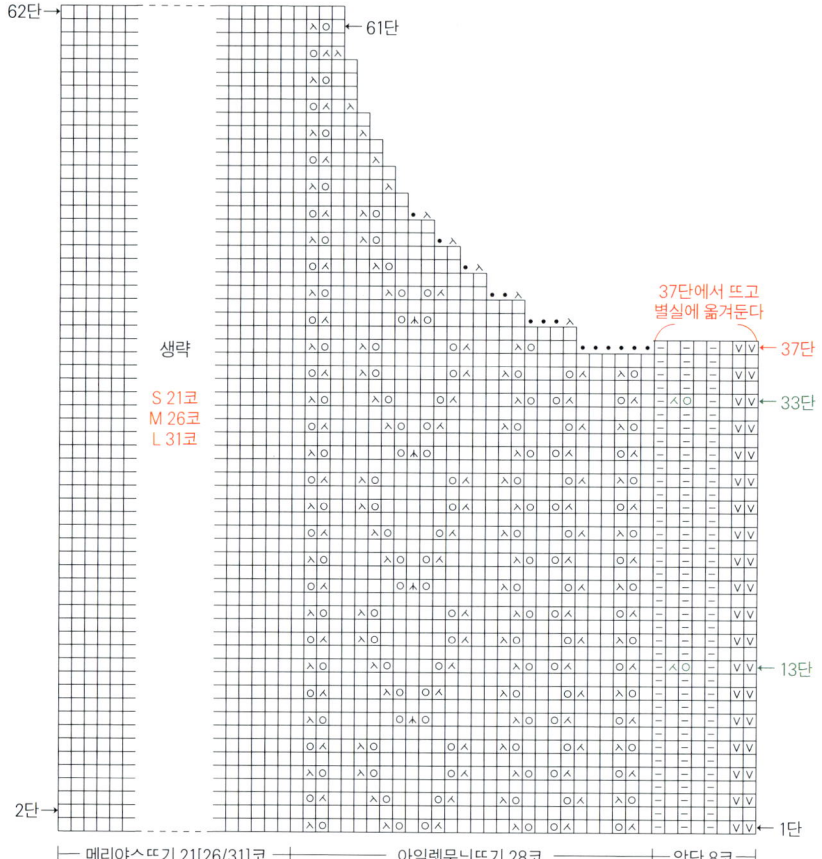

【 왼쪽 앞판 윗부분(평뜨기) 】

새 실을 가져다가 뜨개바탕의 앞면을 보고 왼쪽 앞판 윗부분을 뜬다.

홀수 단 : 21[26/31]코 겉뜨기, 28코 아일렛무늬뜨기, 8코 앞단 뜨기

짝수 단 : 8코 앞단 뜨기, 28코 안뜨기, 21[26/31]코 안뜨기

1~35단 : 위와 같이 뜨다가 36단에서 앞단 8코를 뜨고 별실에 옮겨둔 다음 목줄임을 해 나간다.

36단 : 8코 앞단을 뜨고 8코를 그대로 별실에 옮긴다. '6코 덮어씌워 코막음, 22코 안뜨기, 21[26/31]코 안뜨기'를 한다.

62단까지 뜨면 실은 어깨너비의 3.5배 남기고 자른다.

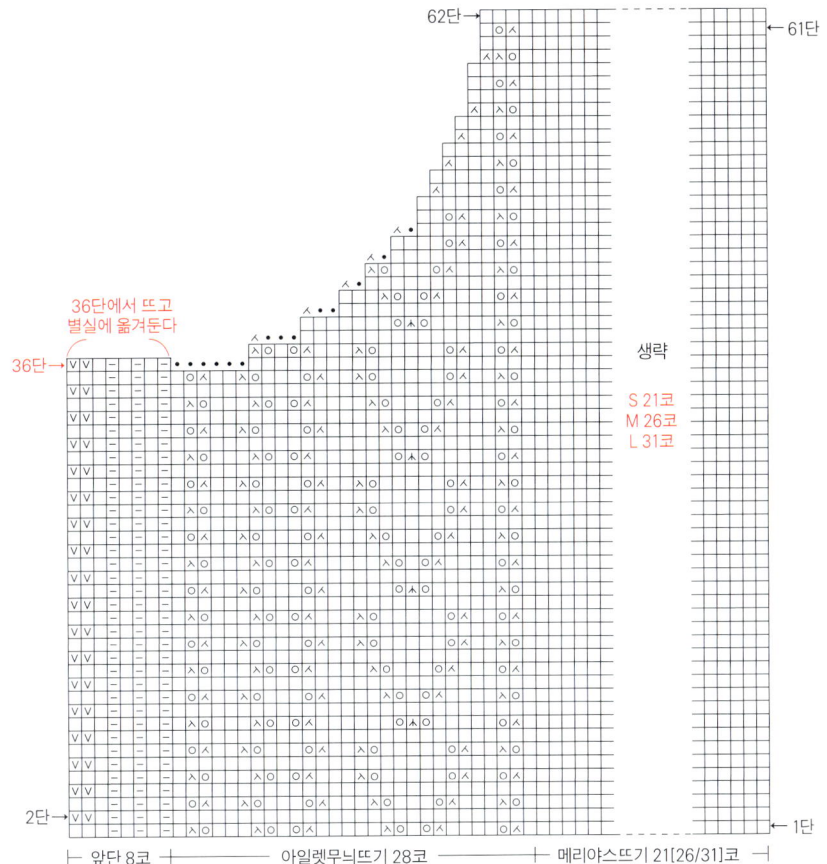

【 뒤판 윗부분(평뜨기) 】

4mm 대바늘과 새 실을 이용해 뜨개바탕의 앞면을 보고 뒤판 윗부분을 뜬다.

홀수 단 : 101[111/121]코 겉뜨기

짝수 단 : 101[111/121]코 안뜨기

1~50단 : 위와 같이 메리야스뜨기를 한다.

51단 : 목파임을 시작한다.

62단까지 목파임을 한 다음 양쪽 어깨를 각각 뜨고 실을 어깨너비 3.5배 남기고 자른다.

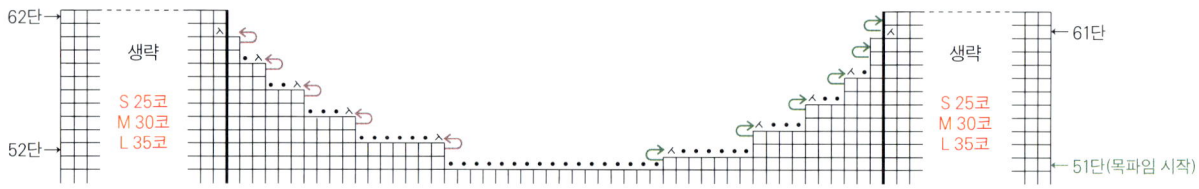

【 어깨 잇기, 소매 코 줍기(원통뜨기) 】

몸판을 뜨고 나면 왼쪽 앞판 어깨와 뒤판 왼쪽 어깨(그림의 초록색)를 잇고, 오른쪽 앞판 어깨와 뒤판 오른쪽 어깨(그림의 주황색)를 잇는다. 어깨를 잇고 나면 진동둘레에서 코를 줍는다. 뜨개바탕의 겉면을 보는 상태에서 4mm 대바늘과 실을 이용해 그림에 표시한 시작점부터 오른쪽에서 왼쪽 방향으로 한 바퀴 돌며 표시한 콧수를 줍는다. 다 줍고 나면 한쪽 소매 콧수는 102코가 된다.

【 소매(원통뜨기) 】

4mm 대바늘을 이용해 앞의 그림을 참고하여 102코를 줍고 처음 주운 코와 마지막에 주운 코 사이에 마커를 달아 단의 시작을 표시하면 좋다. 그다음 1단부터 130단까지는 원통뜨기에서 메리야스뜨기를 하므로 겉뜨기만 한다. 102코를 가지고 홀수 단, 짝수 단을 겉뜨기만 하는 메리야스뜨기를 4단 뜬다.

그다음 다음을 6번 반복한다.
    1단 : 겉뜨기 1코, 왼코 겹쳐 2코 모아뜨기, 3코 남을 때까지 겉뜨기, 오른코 겹쳐 2코 모아뜨기, 겉뜨기 1코
    2~4단 : 겉뜨기

이어서 다음을 17번 반복한다.
    1단 : 겉뜨기 1코, 왼코 겹쳐 2코 모아뜨기, 3코 남을 때까지 겉뜨기, 오른코 겹쳐 2코 모아뜨기, 겉뜨기 1코
    2~6단 : 겉뜨기

여기까지 뜨면 총 130단, 56코가 된다. 130단까지 뜨고 3.5mm 대바늘로 변경해 '겉뜨기 1코, 안뜨기 1코'를 반복하는 1코 고무뜨기를 18단 뜨고 선호하는 방법으로 코막음한다. 나머지 소매도 동일하게 진행한다.

【 목둘레(평뜨기) 】

맨 처음에 떴던 몸판 고무단을 뜨는 방식과 동일하다. 1단의 마지막에서 따로 빼놓은 왼쪽 앞판의 앞단 8코를 이어서 뜨고, 2단의 마지막에서 따로 빼놓은 오른쪽 앞판의 앞단 8코를 이어서 뜬다.

    1단 : 3.5mm 대바늘을 이용해 뜨개바탕의 앞면을 보는 상태에서 '앞단 8코를 제외한 오른쪽 앞판→뒤판→앞단 8코를 제외한 왼쪽 앞판' 순으로 목둘레에서 121코 또는 홀수 코가 되도록 코를 줍는다. 줍고 나서 바로 왼쪽 앞판에 따로 옮겨놓은 왼쪽 앞단 8코를 왼쪽 바늘에 옮긴다. 이어서 이 8코를 '안뜨기 1코, 겉뜨기 1코'×3번 반복하고 겉뜨기를 2코 한다.
    2단 : 오른쪽 앞판에 따로 옮겨놓은 오른쪽 앞단 8코도 마지막에 합해서 같이 뜬다. '2코를 한꺼번에 안뜨기 방향으로 뜨지 않고 넘기기', '안뜨기 1코, 겉뜨기 1코'를 반복하다가 3코가 남았을 때 안뜨기를 3코 뜬다.
    3단 : '2코를 한꺼번에 안뜨기 방향으로 뜨지 않고 넘기기', '겉뜨기 1코, 안뜨기 1코'를 반복하다가 3코가 남았을 때 겉뜨기를 3코 뜬다.
    4~8단 : 짝수 단은 2단과 동일하게, 홀수 단은 3단과 동일하게 진행한다.
    5단 : 오른쪽 앞단에서 해왔던 대로 단춧구멍을 만든다.

여기까지 뜨고 선호하는 방식으로 코막음을 한다.

CHAPTER

5

꽈배기무늬를 이용한
니트

꽈배기뜨기

꽈배기바늘을 이용해 꽈배기무늬를 뜨는 방법입니다. 꼬는 순서가 반대인 '오른코 위 4코 교차뜨기'와 '왼코 위 4코 교차뜨기'를 소개합니다.

☐ = 겉뜨기
⊟ = 안뜨기

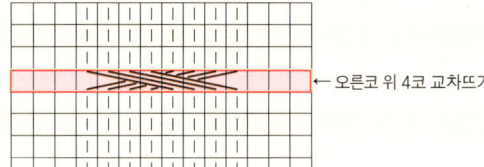
← 오른코 위 4코 교차뜨기

1 안뜨기 3코를 뜬 다음 겉뜨기 4코를 꽈배기바늘에 옮겨 2개의 대바늘 사이 기준 앞쪽으로 빼둔다. 그다음 겉뜨기 4코를 겉뜨기한다.

2 앞으로 빼둔 꽈배기바늘의 겉뜨기 4코를 겉뜨기한다.

3 안뜨기 3코도 안뜨기하면 앞의 겉뜨기 4코가 위로 올라오게 되면서 꽈배기를 뜨는 단이 완성된다.

How to knit

□ = 겉뜨기
⊟ = 안뜨기

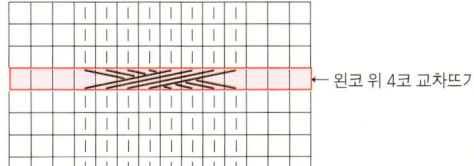
← 왼코 위 4코 교차뜨기

1 안뜨기 3코를 뜬 다음 겉뜨기 4코를 꽈배기바늘에 옮겨 2개의 대바늘 사이 기준 뒤쪽으로 빼둔다. 그다음 겉뜨기 4코를 겉뜨기한다.

2 뒤로 빼둔 꽈배기바늘의 겉뜨기 4코를 겉뜨기한다.

3 안뜨기 3코도 안뜨기하면 뒤의 겉뜨기 4코가 위로 올라오게 되면서 꽈배기를 뜨는 단이 완성된다.

케이블 하이넥
Cable High Neck

겨울에 요긴하게 쓸 수 있는 케이블 하이넥입니다. 다양한 케이블무늬 작품을 뜨면 케이블뜨기에 더욱 익숙해질 수 있어요. 앞·뒤판을 똑같이 2장 떠서 어깨를 잇고 목둘레에서 코를 주워 하이넥을 뜨는 방식으로 진행합니다. 비교적 작은 뜨개바탕이고 다양한 무늬뜨기로 이루어져 빠르고 재미있는 작업이 될 거예요.

케이블 하이넥
Cable High Neck

실 산네스 간 알파카 울 (1088 차콜) 3볼
대바늘 3.5mm, 4mm, 4.5mm 대바늘, 꽈배기바늘

게이지 메리야스뜨기(4.5mm 대바늘) 20코×25단, 무늬뜨기A(4.5mm 대바늘) 가로 9코 3cm×26단, 무늬뜨기B(4.5mm 대바늘) 가로 4코 1.5cm×26단, 무늬뜨기C(4.5mm 대바늘) 가로 11코 4.5cm×26단
사이즈 총길이 20cm, 어깨너비 36cm

【 무늬 익히기(평뜨기) 】

무늬뜨기A

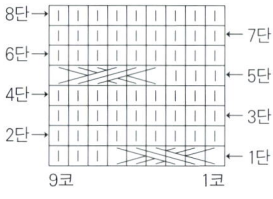

1단 : 처음 3코를 꽈배기바늘에 옮겨 앞에 두고 그다음 3코를 겉뜨기한다. 앞으로 빼놓은 3코를 이어서 겉뜨기하고 남은 3코를 겉뜨기한다.
2단 : 9코 안뜨기
3단 : 9코 겉뜨기
4단 : 9코 안뜨기
5단 : 처음 3코를 겉뜨기하고 그다음 3코를 꽈배기바늘에 옮겨 뒤에 둔다. 그다음 3코를 겉뜨기하고, 뒤로 빼놓은 3코를 이어서 겉뜨기한다.
6단 : 9코 안뜨기
7단 : 9코 겉뜨기
8단 : 9코 안뜨기

무늬뜨기B

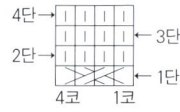

1단 : 처음 2코를 꽈배기바늘에 옮겨 뒤에 두고 그다음 2코를 겉뜨기한다. 뒤로 빼놓은 2코를 이어서 겉뜨기한다.
2단 : 4코 안뜨기
3단 : 4코 겉뜨기
4단 : 4코 안뜨기

무늬뜨기C

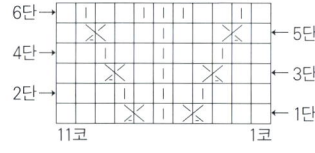

1단 : 3코 안뜨기, 1코 꽈배기바늘에 옮겨 뒤에 두고 그다음 1코 겉뜨기하고 뒤에 빼둔 1코 안뜨기, 1코 겉뜨기, 1코 꽈배기바늘에 옮겨 앞에 두고 그다음 1코 안뜨기하고 앞에 빼둔 1코 겉뜨기, 3코 안뜨기
2단 : 3코 겉뜨기, 1코 안뜨기, 1코 겉뜨기, 1코 안뜨기, 1코 겉뜨기, 1코 안뜨기, 3코 겉뜨기
3단 : 2코 안뜨기, 1코 꽈배기바늘에 옮겨 뒤에 두고 그다음 1코 겉뜨기하고 뒤에 빼둔 1코 안뜨기, 1코 안뜨기, 1코 겉뜨기, 1코 안뜨기, 1코 꽈배기바늘에 옮겨 앞에 두고 그다음 1코 안뜨기하고 앞에 빼둔 1코 겉뜨기, 2코 안뜨기
4단 : 2코 겉뜨기, 1코 안뜨기, 2코 겉뜨기, 1코 안뜨기, 2코 겉뜨기, 1코 안뜨기, 2코 겉뜨기
5단 : 1코 안뜨기, 1코 꽈배기바늘에 옮겨 뒤에 두고 그다음 1코 겉뜨기하고 뒤에 빼둔 1코 안뜨기, 2코 안뜨기, 1코 겉뜨기, 2코 안뜨기, 1코 꽈배기바늘에 옮겨 앞에 두고 그다음 1코 안뜨기하고 앞에 빼둔 1코 겉뜨기, 1코 안뜨기
6단 : 1코 겉뜨기, 1코 안뜨기, 2코 겉뜨기, 3코 안뜨기, 2코 겉뜨기, 1코 안뜨기, 1코 겉뜨기

【 몸판(평뜨기) 】

몸판을 2장 뜬다. 4.5mm 대바늘을 이용해 87코를 만들고 기호도대로 뜬다. 3단부터는 매 단의 1번째 코는 오른쪽 바늘을 겉뜨기 방향으로 넣어서 뜨지 않고 넘긴다. 단, 목둘레를 줄이는 쪽은 제외한다.

| = 겉뜨기
□ = 안뜨기
▼ = 실을 바늘 뒤에 둔 상태에서 겉뜨기 방향으로 뜨지 않고 넘기기
⋏ = 왼코 겹쳐 2코 모아뜨기
⋋ = 오른코 겹쳐 2코 모아뜨기
⋏ = 왼코 겹쳐 2코 모아 안뜨기
• = 덮어씌워 코막음

= 왼코 교차뜨기(아래쪽 안뜨기)(앞의 1코 꽈배기바늘에 옮겨 뒤에 두고 다음 1코 겉뜨기한 다음 뒤로 빼놓은 1코 안뜨기)
= 오른코 교차뜨기(아래쪽 안뜨기)(앞의 1코 꽈배기바늘에 옮겨 앞에 두고 다음 1코 안뜨기한 다음 앞으로 빼놓은 1코 겉뜨기)
= 왼코 위 2코 교차뜨기(앞의 2코 꽈배기바늘에 옮겨 뒤에 두고 다음 2코 겉뜨기한 다음 뒤로 빼놓은 2코 겉뜨기)

= 왼코 위 3코 교차뜨기(앞의 3코 꽈배기바늘에 옮겨 뒤에 두고 다음 3코 겉뜨기한 다음 뒤로 빼놓은 3코 겉뜨기)
= 오른코 위 3코 교차뜨기(앞의 3코 꽈배기바늘에 옮겨 앞에 두고 다음 3코 겉뜨기한 다음 앞으로 빼놓은 3코 겉뜨기)

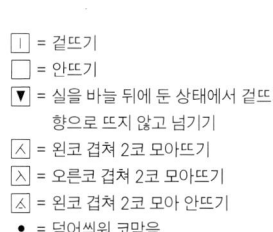

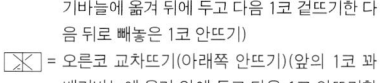

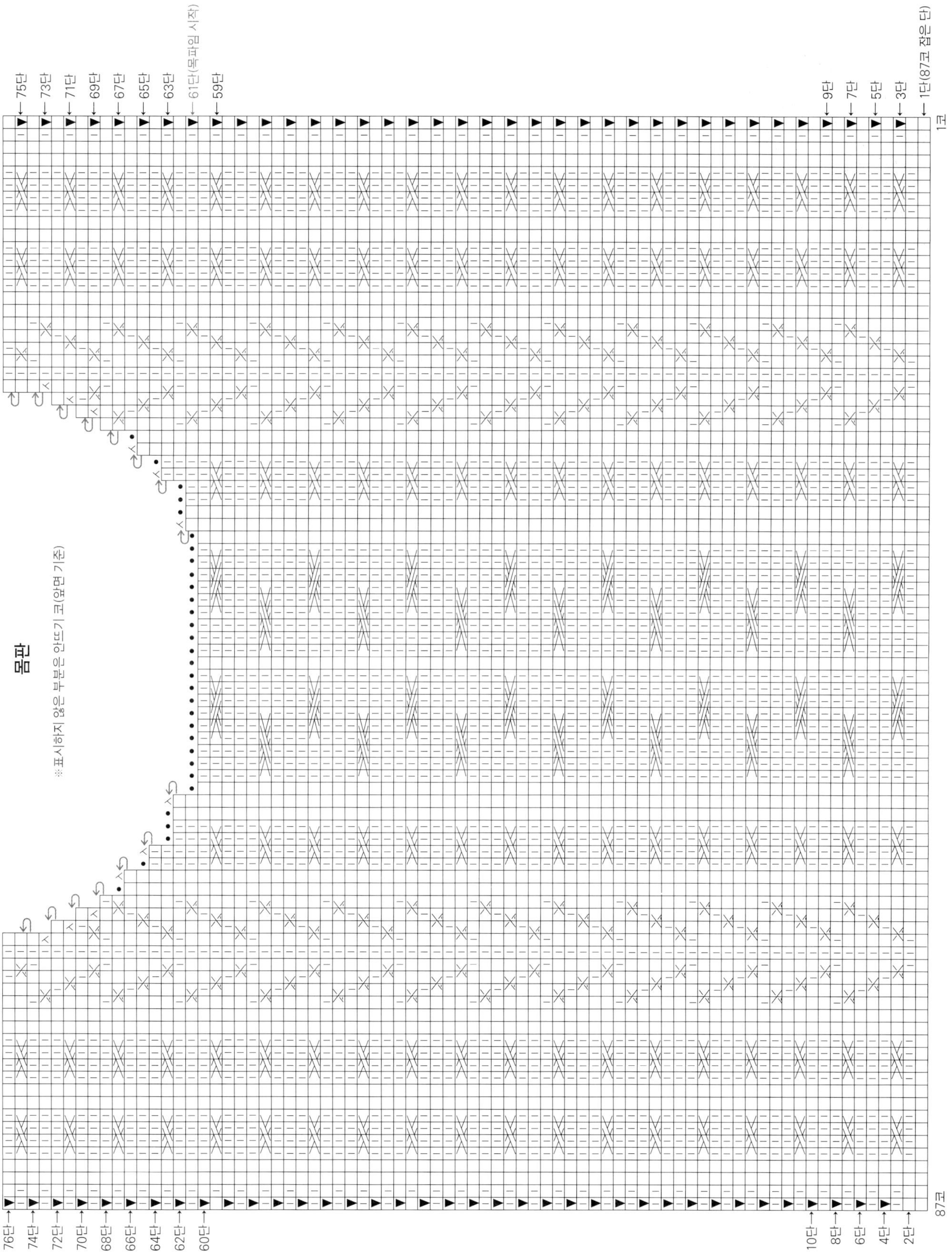

【 하이넥(원통뜨기) 】

임의로 앞·뒤판을 정한 다음 다 뜬 몸판 2장은 어깨를 잇는다. 3.5mm 대바늘을 이용해 앞판의 앞면을 본 상태에서 오른쪽 시작부터 뒤판의 왼쪽 끝까지 한 바퀴 돌며 목둘레에서 100코 또는 짝수 콧수를 줍는다. 첫 코와 마지막 코 사이의 줄바늘에 마커를 걸어 단의 시작을 알 수 있도록 하는 것이 좋다. 줍고 나면 원통뜨기로 1코 고무뜨기(겉뜨기 1코, 안뜨기 1코 반복)를 16단 뜨고 원하는 방식으로 코막음한다.

【 마무리 】

뜨고 나면 몸판 부분이 무늬뜨기로 인해 많이 쪼그라든 상태다. 울 샴푸를 한 뒤 시침핀을 꽂을 수 있는 매트에 모양을 잡아 시침한 상태로 건조한다.

원통뜨기로 뜨는 3가지 케이블무늬로 이뤄진 와치캡입니다. 비교적 단순한 케이블무늬 3가지를 떠보면서 케이블무늬뜨기를 익힐 수 있어요.

케이블 와치캡
Cable Watch Ca

실 산네스 간 알파카 울 (8063 그린) 2볼
대바늘 3.5mm, 4.5mm 대바늘, 꽈배기바늘

게이지 메리야스뜨기(4.5mm 대바늘) 20코×25단, 무늬뜨기 23코× 26단(가로 15코 6.5cm)
사이즈 모자(머리둘레) 58.5cm, 높이(접은 상태) 17~19cm

【 무늬 익히기(원통뜨기) 】

무늬뜨기A

1단 : 처음 1코를 꽈배기바늘에 옮겨 뒤에 두고 그다음 1코를 겉뜨기한다. 이어서 뒤로 빼놓은 1코를 겉뜨기한다.
2단 : 2코 겉뜨기

무늬뜨기B

1단 : 처음 2코를 꽈배기바늘에 옮겨 뒤에 두고 그다음 1코를 겉뜨기한다. 이어서 뒤로 빼놓은 2코를 겉뜨기한다.
2단 : 3코 겉뜨기
3단 : 3코 겉뜨기
4단 : 3코 겉뜨기
5단 : 3코 겉뜨기
6단 : 3코 겉뜨기

무늬뜨기C

1단 : 처음 2코를 꽈배기바늘에 옮겨 뒤에 두고 그다음 2코를 겉뜨기한다. 이어서 뒤로 빼놓은 2코를 겉뜨기한다.
2단 : 4코 겉뜨기
3단 : 4코 겉뜨기
4단 : 4코 겉뜨기

【 고무단(원통뜨기) 】

3.5mm 대바늘을 이용해 108코를 만들어 '겉뜨기 2코, 안뜨기 2코'를 반복하는 '2코 고무뜨기'를 뜬다. 첫 코와 마지막 코 사이의 줄바늘에 마커를 달아 단의 시작을 표시하면 좋다.
　1단 : 3.5mm 대바늘로 108코를 잡는다.
　2~23단 : '겉뜨기 2코, 안뜨기 2코'를 반복하는 '2코 고무뜨기'를 뜬다.
　24단 : '겉뜨기 4코를 뜨고 M1L 또는 M1R을 이용한 1코 늘리기'를 27번 반복해 135코를 만든다.

【 무늬뜨기(원통뜨기) 】

4.5mm 대바늘을 이용해 무늬 기호도를 9번 반복한다. 1~38단까지 무늬뜨기를 하고 39~49단까지 코를 줄이며 뜬다. 49단까지 뜨면 18코가 된다. 실을 길게 자른 뒤 돗바늘에 연결해 18코를 뜨던 방향대로 2바퀴 정도 통과해 풀리지 않도록 실을 정리한다.

39단부터 49단까지 코 줄이는 방법은 다음과 같이 진행한다.

- **39단** : '4코 겉뜨기, 왼코 겹쳐 2코 모아 안뜨기, 3코 겉뜨기, 2코 안뜨기, 2코 겉뜨기, 왼코 겹쳐 2코 모아 안뜨기'×9번 반복
- **40단** : '4코 겉뜨기, 1코 안뜨기, 무늬뜨기B 1단 뜨기, 2코 안뜨기, 무늬뜨기A 1단 뜨기, 1코 안뜨기'×9번 반복
- **41단** : '4코 겉뜨기, 왼코 겹쳐 2코 모아뜨기, 2코 겉뜨기, 2코 안뜨기, 1코 겉뜨기, 오른코 겹쳐 2코 모아뜨기'×9번 반복
- **42단** : '무늬뜨기C 1단 뜨기, 3코 겉뜨기, 2코 안뜨기, 무늬뜨기A 1단 뜨기'×9번 반복
- **43단** : '4코 겉뜨기, 왼코 겹쳐 2코 모아뜨기, 1코 겉뜨기, 2코 안뜨기, 2코 겉뜨기'×9번 반복
- **44단** : '오른코 겹쳐 2코 모아뜨기, 4코 겉뜨기, 2코 안뜨기, 오른코 겹쳐 2코 모아뜨기'×9번 반복
- **45단** : '1코 겉뜨기, 왼코 겹쳐 2코 모아뜨기 연달아 2번, 2코 안뜨기, 1코 겉뜨기'×9번 반복
- **46단** : '무늬뜨기A 1단 뜨기, 1코 겉뜨기, 1코 안뜨기, 왼코 겹쳐 2코 모아뜨기'×9번 반복
- **47단** : '2코 겉뜨기, 오른코 겹쳐 2코 모아뜨기, 1코 겉뜨기'×9번 반복
- **48단** : '왼코 겹쳐 2코 모아뜨기×2번'×9번 반복
- **49단** : '2코 겉뜨기'×9번 반복

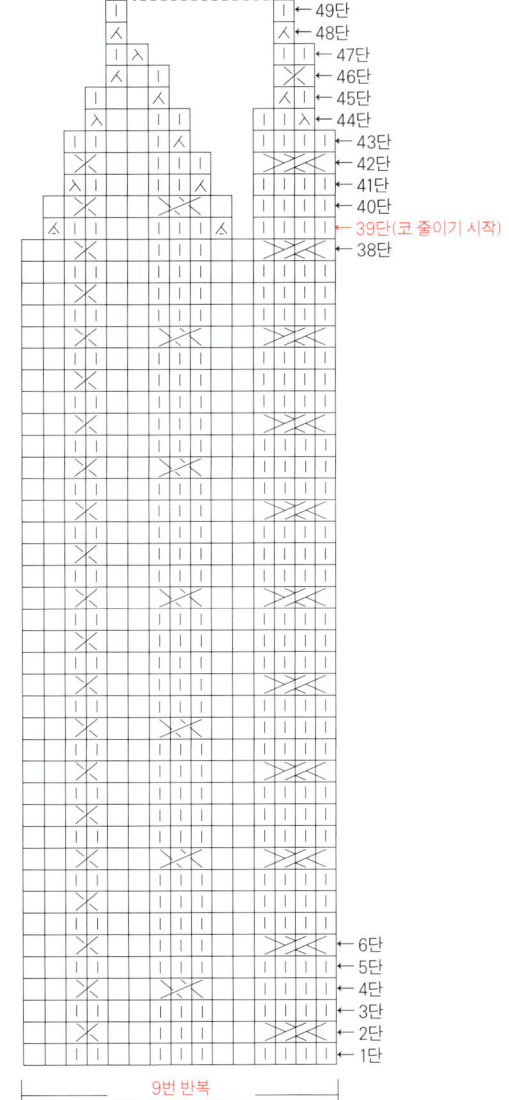

How to knit

5코 4단 방울뜨기

방울을 만들 코를 5코로 늘리고, 늘린 5코를 가지고 메리야스뜨기 4단을 떠서 만듭니다.

1 방울을 만들 코를 가지고 겉뜨기를 하는데 왼쪽 바늘에서 코를 빼지 않는다. 그 상태에서 실을 바늘 앞에 두고 (안뜨기 뜰 때처럼) 다시 왼쪽 바늘의 빼지 않은 코에 겉뜨기한다.

2 오른쪽 바늘에 3코가 생기고 여전히 왼쪽 바늘의 코를 빼지 않은 상태에서 다시 한번 실을 바늘 앞에 두고 겉뜨기한다. 이 과정에서 오른쪽 바늘에 5코가 생긴다(1단). 이제 왼쪽 바늘에서 코를 뺀다.

3 뜨개바탕을 뒤집어서 5코만 안뜨기한다(2단). 다시 뒤집어서 5코만 겉뜨기하고(3단) 또다시 뒤집어 5코만 가지고 안뜨기한다 (4단).

How to knit

4 메리야스뜨기 4단을 뜨고 나면 5코 중 앞의 3코(①·②·③)를 오른쪽 바늘로 한꺼번에 겉뜨기 방향으로 뜨지 않고 넘긴다.

5 그다음 2코(④·⑤)를 한꺼번에 겉뜨기한다.

6 오른쪽 바늘에서 ④와 ⑤를 겉뜨기한 코인 ⓐ에, 한꺼번에 겉뜨기 방향으로 뜨지 않고 넘긴 ①·②·③코인 ⓑ·ⓒ·ⓓ코를 한꺼번에 ⓐ에 덮어씌우거나 ⓐ와 가까운 순으로 1코씩 ⓐ에 덮어씌운다.

포인트 버블 풀오버
Point Bubble Pullover

앞판과 소매에 꽈배기무늬를 넣어 만드는 다운 탑 풀오버입니다. 소매는 반팔로 해서 좀 더 속도감 있게 만들 수 있습니다. 몸판과 소매 모두 원통으로 뜨다가 래글런 라인 뜨기에서 평뜨기로 변경합니다. 앞판 무늬에 방울뜨기도 들어가 뜨는 재미가 더욱 커지는 작품이에요.

포인트 버블 풀오버
Point Bubble Pullover

실 산네스 간 알파카 울 (1002 화이트)+틴 실크 모헤어 (1015 키트)
S:7볼＋3볼[M:9볼＋4볼/L:10볼＋5볼]
대바늘 4mm, 5mm
게이지 메리야스뜨기(5mm 대바늘) 17코×23단, 앞판 무늬뜨기(5mm 대바늘) 가로 40코×18cm, 소매 무늬뜨기 가로 22코×10cm(5mm 대바늘), 옆선 무늬뜨기(5mm 대바늘) 가로 8코×4cm

사이즈 총길이 S:60cm[M:62cm/L:64cm], 가슴 단면 S:48cm [M:50cm/L:52cm]

S사이즈[M사이즈/L사이즈] 표기

【 고무단(원통뜨기) 】

4mm 대바늘을 이용해 160[170/180]코를 잡아 '겉뜨기 1코, 안뜨기 1코'를 반복하는 '1코 고무뜨기'를 원통뜨기로 15단 뜬다. 이때 단의 시작과 끝을 알기 위해 마커를 첫 코와 마지막 코 사이 줄바늘에 걸면 좋다.

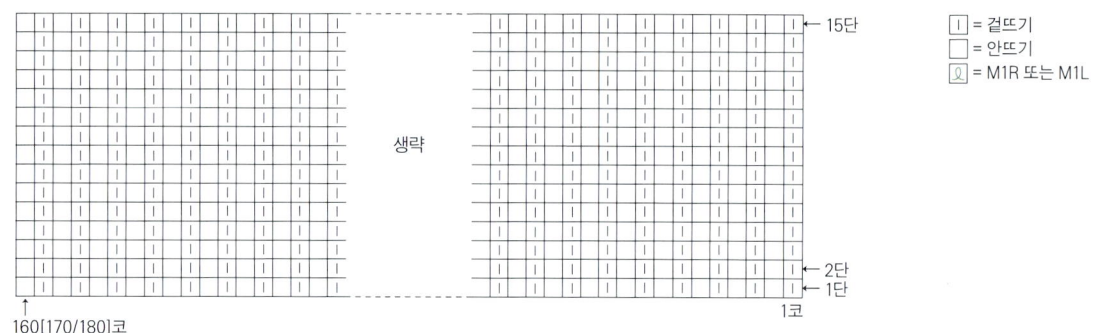

그다음 16단에서 22[24/26]코를 겉뜨기하고 26코를 가지고 아래 기호도를 따라 겉뜨기하면서 M1R 또는 M1L 중 원하는 방법으로 14코를 늘려 40코로 만든다. 이어서 112[120/128]코를 겉뜨기한다. 총 174[184/194]코가 된다.

【 무늬 익히기(원통뜨기) 】

- = 왼코 위 2코 교차뜨기(앞의 2코 꽈배기바늘에 옮겨 뒤에 두고 다음 2코 겉뜨기한 다음 뒤로 빼놓은 2코 겉뜨기)
- = 오른코 위 2코 교차뜨기(앞의 2코 꽈배기바늘에 옮겨 앞에 두고 다음 2코 겉뜨기한 다음 앞에 빼놓은 2코 겉뜨기)
- = 오른코 위 2코 교차뜨기(앞의 2코 꽈배기바늘에 옮겨 앞에 두고 다음 1코 겉뜨기한 다음 앞에 빼놓은 2코 겉뜨기)
- = 왼코 위 교차뜨기(앞의 1코 꽈배기바늘에 옮겨 뒤에 두고 다음 2코 겉뜨기한 다음 뒤로 빼놓은 1코 겉뜨기)
- = 오른코 위 교차뜨기(겉뜨기 2코와 안뜨기 1코의 교차)(앞의 2코 꽈배기바늘에 옮겨 앞에 두고 다음 1코 안뜨기한 다음 앞에 빼놓은 2코 겉뜨기)
- = 왼코 위 교차뜨기(겉뜨기 2코와 안뜨기 1코의 교차)(앞의 1코 꽈배기바늘에 옮겨 뒤에 두고 다음 2코 겉뜨기한 다음 뒤에 빼놓은 1코 안뜨기)
- = 왼코 교차뜨기(앞의 1코 꽈배기바늘에 옮겨 뒤에 두고 다음 1코 겉뜨기한 다음 뒤로 빼놓은 1코 겉뜨기)
- = 오른코 교차뜨기(앞의 1코 꽈배기바늘에 옮겨 앞에 두고 다음 1코 겉뜨기한 다음 앞으로 빼놓은 1코 겉뜨기)
- = 왼코 교차뜨기(아래쪽 안뜨기)(앞의 1코 꽈배기바늘에 옮겨 뒤에 두고 다음 1코 겉뜨기한 다음 뒤로 빼놓은 1코 안뜨기)
- = 오른코 교차뜨기(아래쪽 안뜨기)(앞의 1코 꽈배기바늘에 옮겨 앞에 두고 다음 1코 안뜨기한 다음 앞으로 빼놓은 1코 겉뜨기)
- = 5코 4단 방울뜨기
- = 덮어씌워 코막음

앞판 무늬뜨기

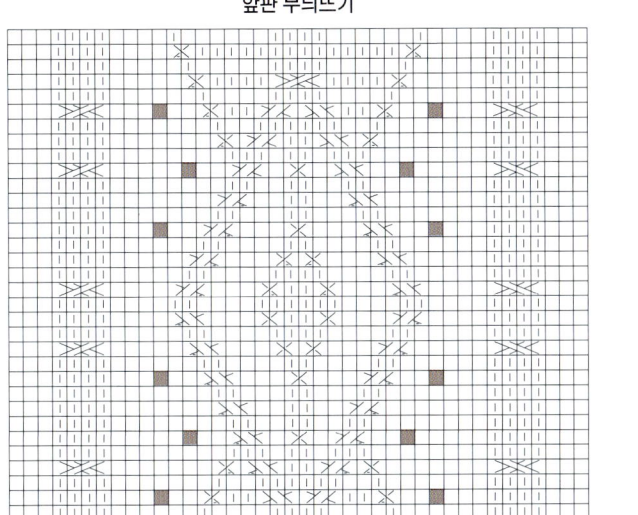

소매 무늬뜨기

옆선 무늬뜨기A   옆선 무늬뜨기B

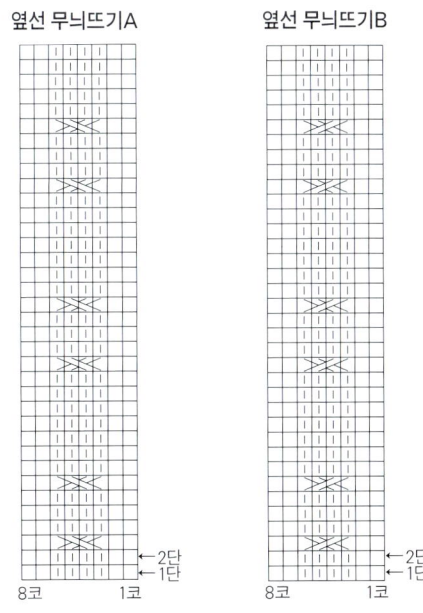

【 몸통(원통뜨기) 】

5mm 대바늘로 변경해 174[184/194]코를 가지고 기호도대로 뜬다. '앞판(84[88/92]코)→옆선 무늬뜨기A(8코)→뒤판(74[80/86]코)→옆선 무늬뜨기B(8코)' 순으로 뜨게 되는데 앞판에서 '22[24/26]코 겉뜨기→앞판 무늬뜨기 40코→22[24/26]코 겉뜨기'를 한다. 1~74단까지 진행하면서 74단을 뜰 때는 옆선 무늬뜨기A와 B의 8코는 덮어씌워 코막음한다.

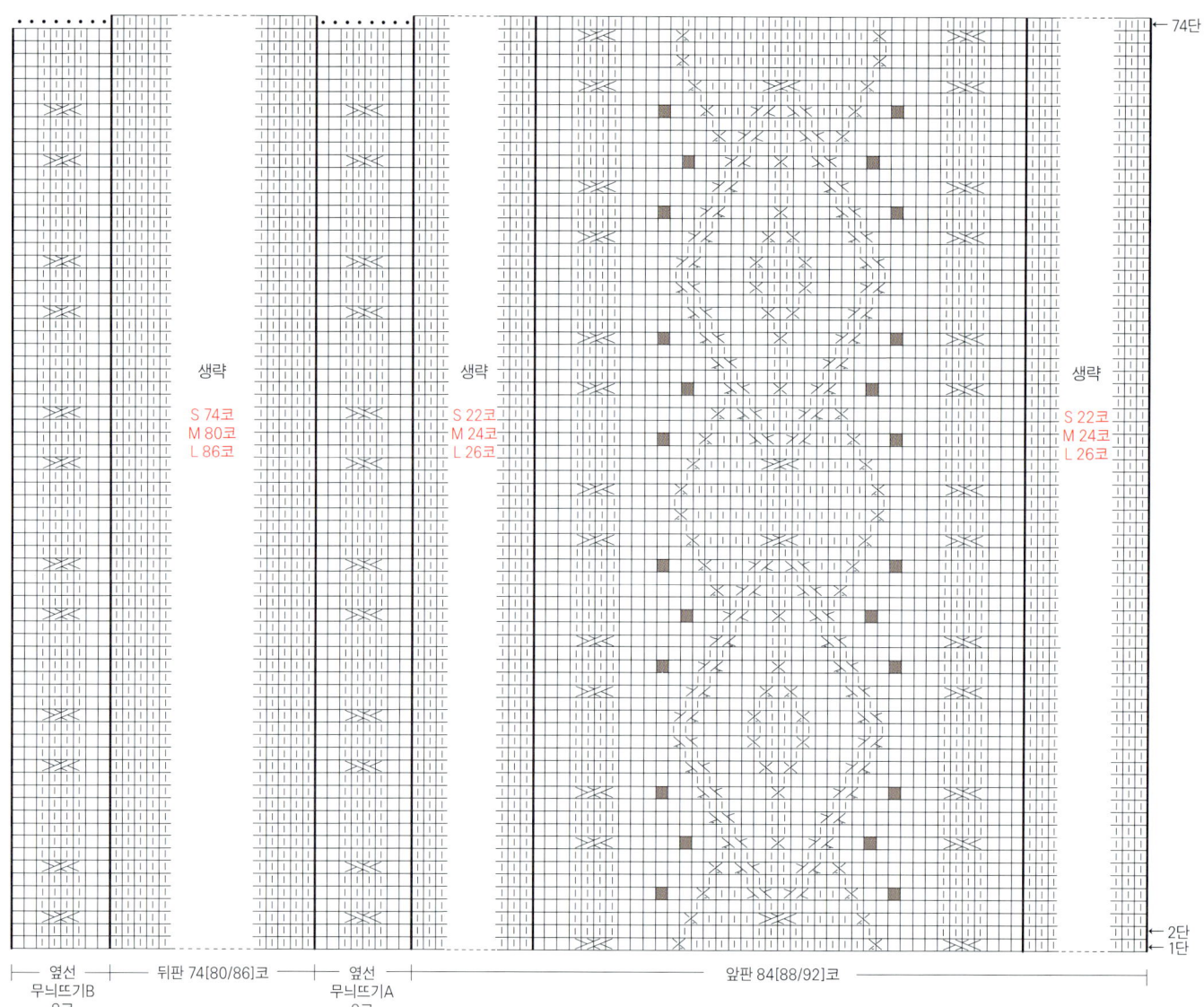

【 앞판 래글런 줄이기(평뜨기) 】

몸통의 74단까지 뜨고 이어서 앞판 래글런 줄이기를 평뜨기로 진행한다. 뒤판 74[80/86]코는 별실이나 다른 바늘에 옮겨둔다. 다음 기호도를 따라 1단부터 30단까지는 S·M·L사이즈 모두 동일하게 뜨고, 31단부터는 선택한 사이즈에 맞게 기호도를 참고해 진행한다.

- ⋌ = 왼코 겹쳐 2코 모아뜨기
- ⋋ = 오른코 겹쳐 2코 모아뜨기
- ⋰ = 왼코 겹쳐 3코 모아뜨기
- ⋱ = 오른코 겹쳐 3코 모아뜨기

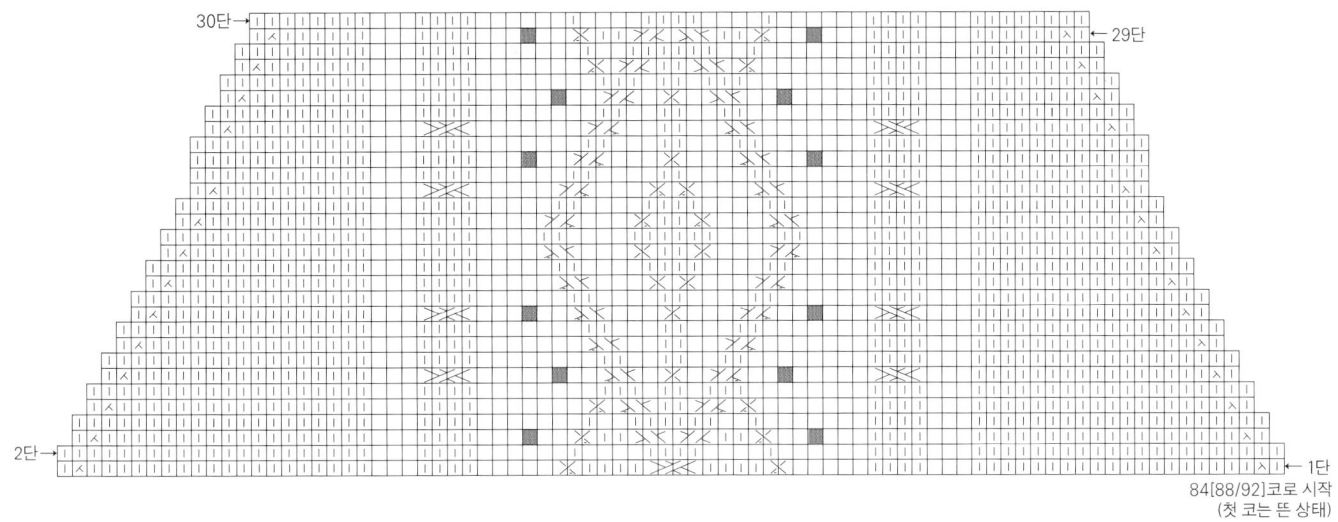

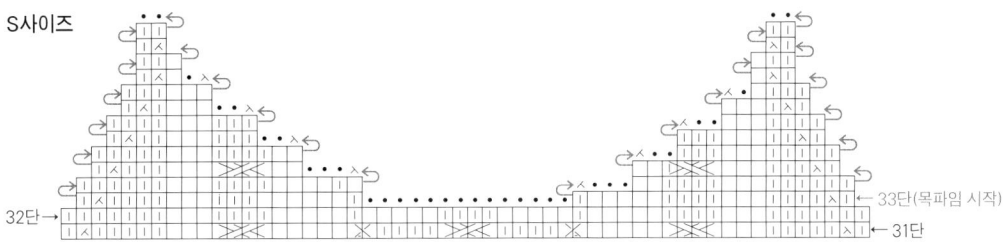

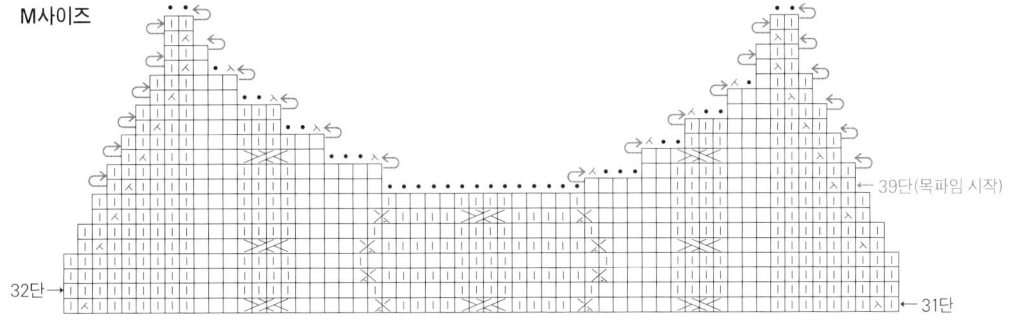

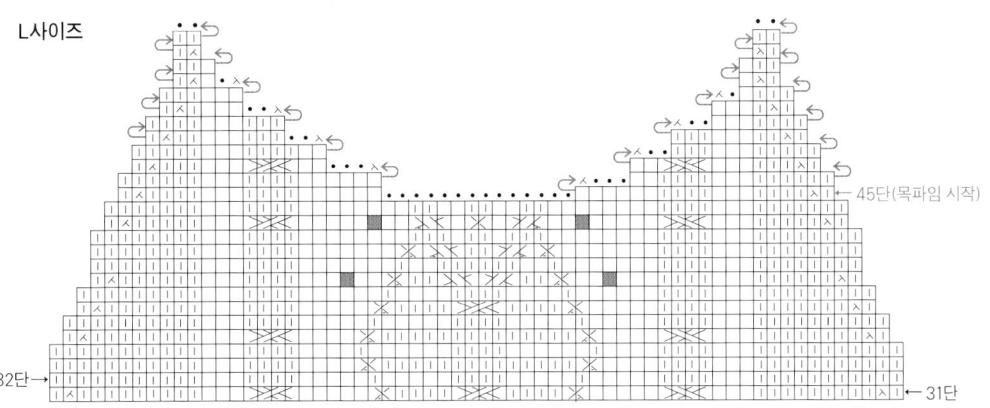

167

【 뒤판 래글런 줄이기(평뜨기) 】

새 실을 연결하고 5mm 바늘을 이용해 뒤판 래글런 줄이기를 메리야스뜨기한다. 평뜨기에서 하는 메리야스뜨기이므로 앞면을 보며 뜨는 홀수 단은 겉뜨기, 뒷면을 보며 뜨는 짝수 단은 안뜨기한다.

새 실을 연결해 74[80/86]코를 가지고 다음을 3[6/9]번 반복한다.

　　1단 : 겉뜨기 1코, 오른코 겹쳐 2코 모아뜨기, 3코 남을 때까지 겉뜨기, 왼코 겹쳐 2코 모아뜨기, 겉뜨기 1코
　　2단 : 안뜨기

이어서 다음을 3번 반복한다.

　　1단 : 겉뜨기 1코, 오른코 겹쳐 2코 모아뜨기, 3코 남을 때까지 겉뜨기, 왼코 겹쳐 2코 모아뜨기, 겉뜨기 1코
　　2단 : 안뜨기
　　3~12단 : 홀수 단은 1단과 동일하게, 짝수 단은 2단과 동일하게 진행한다.
　　13단 : 겉뜨기
　　14단 : 안뜨기

마지막으로 다음을 1[1/1]번 더 뜬다.

　　1단 : 겉뜨기 1코, 오른코 겹쳐 2코 모아뜨기, 3코 남을 때까지 겉뜨기, 왼코 겹쳐 2코 모아뜨기, 겉뜨기 1코
　　2단 : 안뜨기

여기까지 뜨면 총 50[56/62]단, 30코가 된다. 51[57/63]단에서 겉뜨기를 하면서 덮어씌워 코막음한다.

【 소매 고무단(원통뜨기) 】

4mm 대바늘을 이용해 52[56/60]코를 잡아 '겉뜨기 1코, 안뜨기 1코'를 반복하는 '1코 고무뜨기'를 원통뜨기로 15단 뜬다. 이때 단의 시작과 끝을 알기 위해 마커를 첫 코와 마지막 코 사이의 줄바늘에 걸면 좋다.

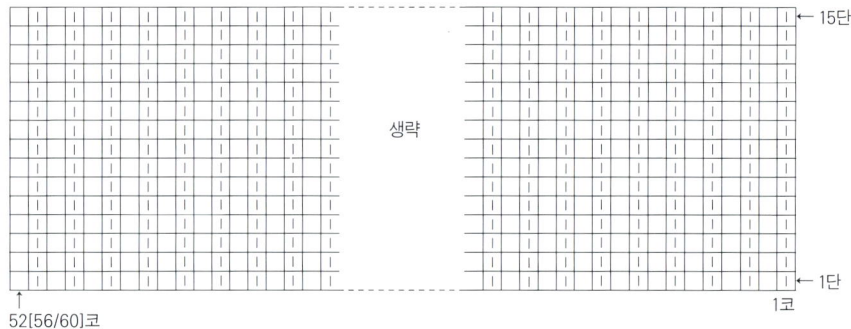

그다음 16단에서 M1R 또는 M1L 중 원하는 방법으로 14코를 늘려 66[70/74]코로 만든다.

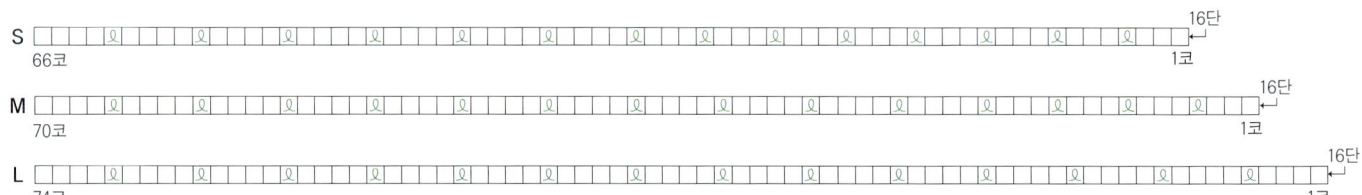

【 소매(소매통은 원통뜨기, 소매산은 평뜨기) 】

5mm 대바늘로 변경해 원하는 사이즈의 소매 기호도를 보고 대칭이 되도록 소매(2장)를 뜬다.

S사이즈 소매

고무단을 뜨고 5mm 대바늘로 바꿔 소매통의 1~32단까지 원통뜨기를 한다. 32단에서 마지막 8코를 덮어씌워 코막음한다. 총 58코가 된다. 이어서 58코를 가지고 소매산의 1~51단까지 평뜨기를 하는데 이때 1단 뜨기 전 1단의 첫 코는 뜬 상태다. 44단까지는 오른쪽 소매와 왼쪽 소매를 동일하게 뜨고, 45단부터 대칭이 되도록 두 기호도를 보고 각각 진행한다.

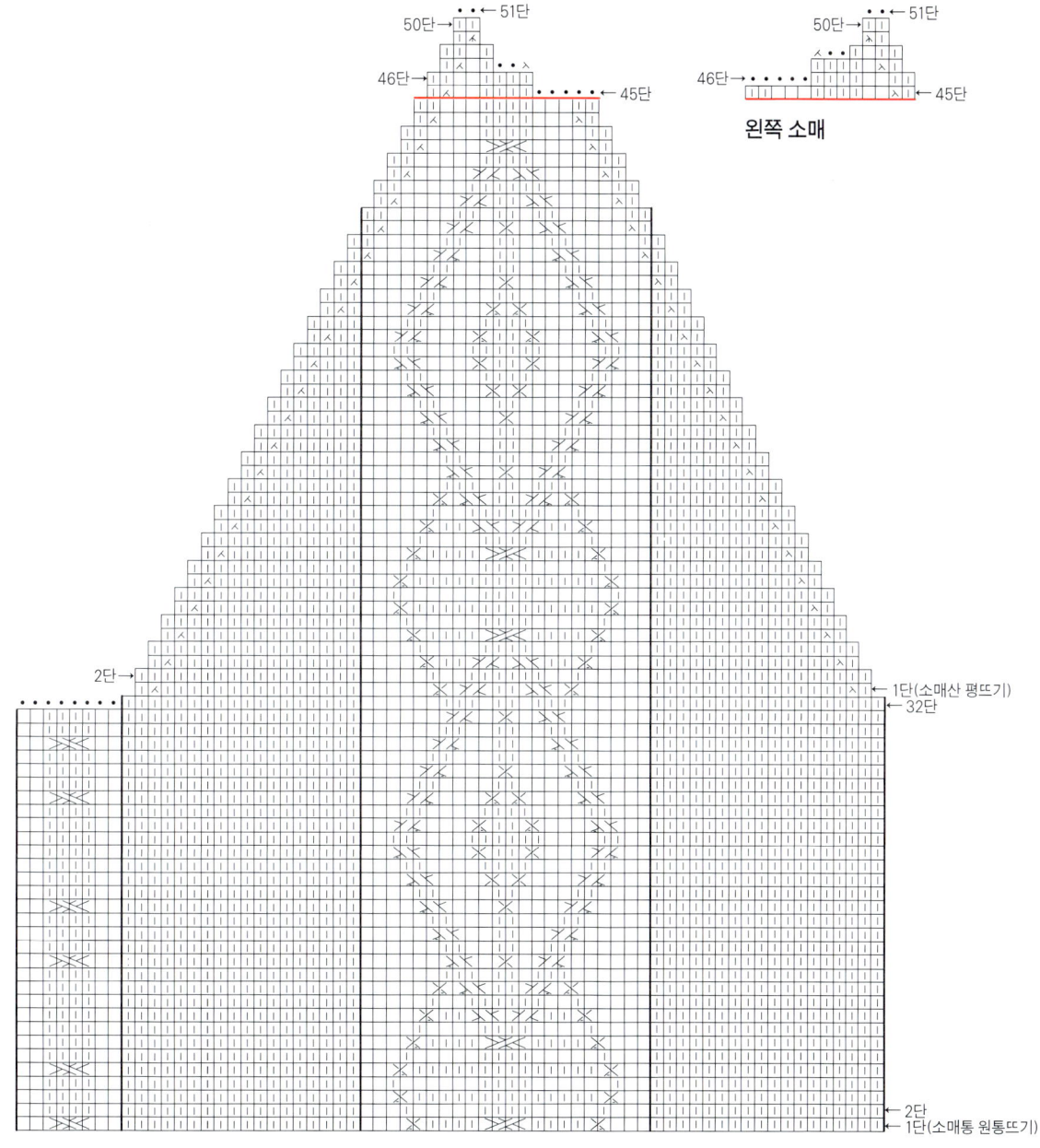

M사이즈 소매

고무단을 뜨고 5mm 대바늘로 바꿔 소매통의 1~32단까지 원통뜨기를 한다. 32단에서 마지막 8코를 덮어씌워 코막음한다. 총 62코가 된다. 이어서 62코를 가지고 소매산의 1~57단까지 평뜨기를 하는데 이때 1단 뜨기 전 1단의 첫 코는 뜬 상태다. 50단까지는 오른쪽 소매와 왼쪽 소매를 동일하게 뜨고, 51단부터 대칭이 되도록 두 기호도를 보고 각각 진행한다.

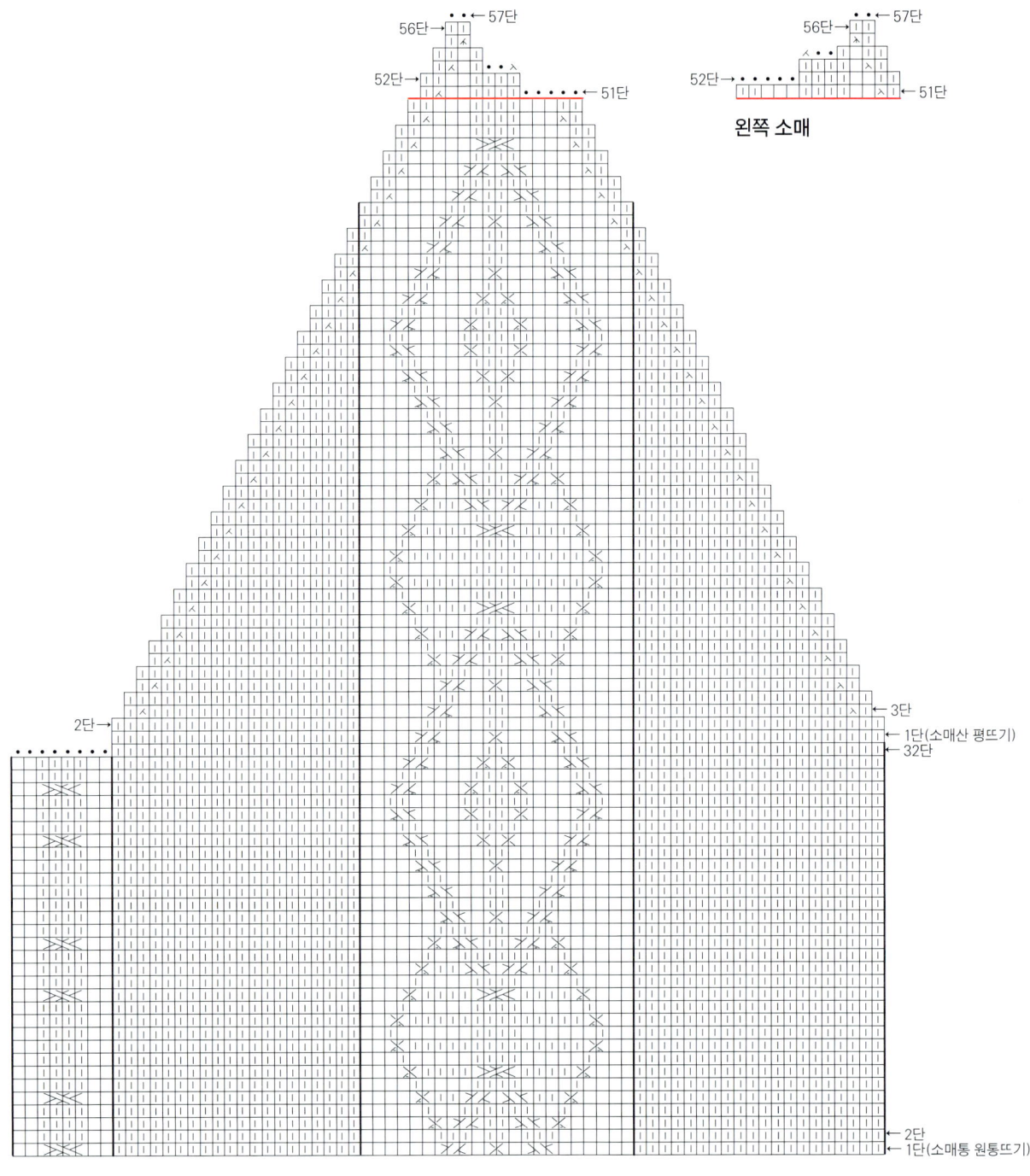

L사이즈 소매

고무단을 뜨고 5mm 대바늘로 바꿔 소매통의 1~32단까지 원통뜨기를 한다. 32단에서 마지막 8코를 덮어씌워 코막음한다. 총 66코가 된다. 이어서 66코를 가지고 소매산의 1~63단까지 평뜨기를 하는데 이때 1단 뜨기 전 1단의 첫 코는 뜬 상태다. 56단까지는 오른쪽 소매와 왼쪽 소매를 동일하게 뜨고, 57단부터 대칭이 되도록 두 기호도를 보고 각각 진행한다.

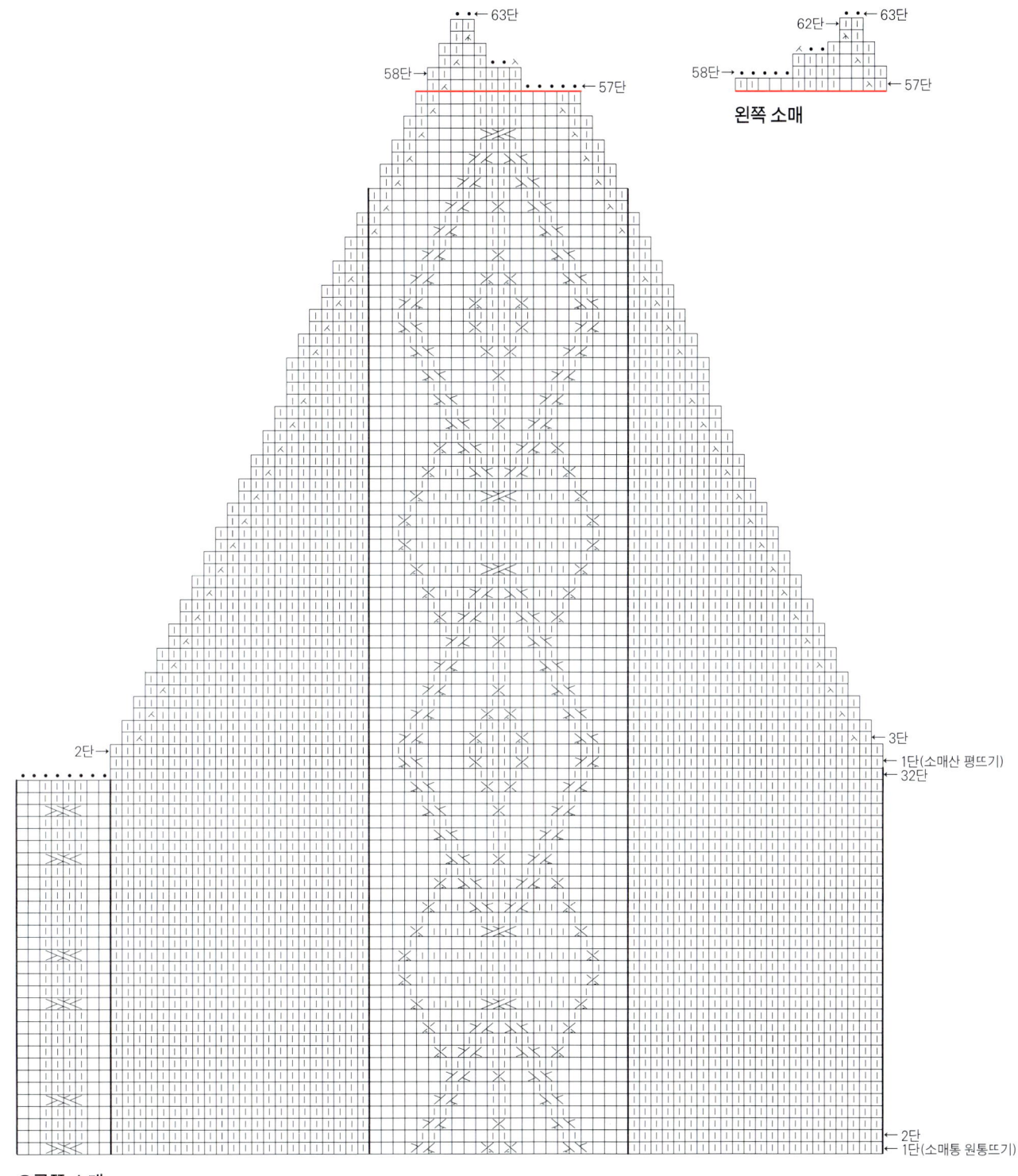

오른쪽 소매

왼쪽 소매

【 몸판과 소매 잇기, 목 고무단 뜨기(원통뜨기) 】

모헤어 실을 빼고 돗바늘에 알파카 울 실만 연결한다. 그림을 따라서 앞판과 오른쪽 소매의 B와 B, B'와 B'를 잇는다. 이어서 뒤판과 오른쪽 소매의 A'와 A', A와 A를 잇는다. 다시 알파카 울 실을 돗바늘에 연결해 앞판과 왼쪽 소매의 C와 C, C'와 C'를 잇는다. 이어서 뒤판과 왼쪽 소매의 D'와 D', D와 D도 잇는다. 이때 A'·B'·C'·D'는 코와 코 잇기로, A·B·C·D는 단과 단 잇기(옆선 잇기)로 진행한다.

다 잇고 나면 4mm 대바늘을 이용해 목둘레에서 '왼쪽 소매→앞판→오른쪽 소매→뒤판' 순으로 코를 주워 90코 또는 짝수 코가 되도록 한다. 그다음 '겉뜨기 1코, 안뜨기 1코'를 번갈아 뜨는 '1코 고무뜨기'를 5단 뜨고 원하는 방법으로 코막음한다.

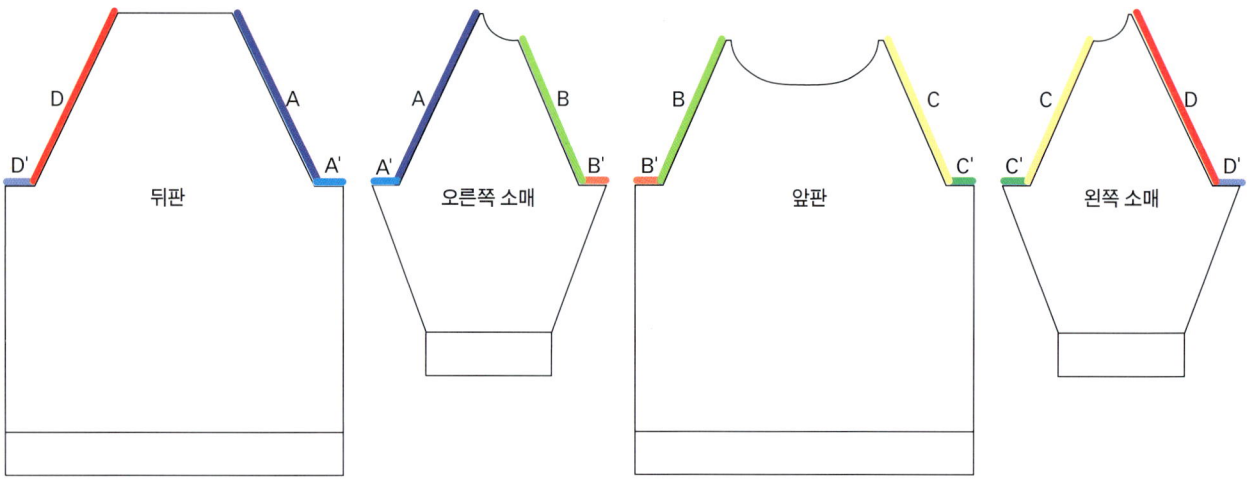

**니팅테이블의
대바늘 손뜨개 레슨**

1판 1쇄 인쇄 2021년 12월 02일
1판 4쇄 발행 2024년 01월 15일

지은이 이윤지
펴낸이 김기옥

실용본부장 박재성
편집 실용2팀 이나리, 장윤선
마케터 이지수
지원 고광현, 김형식

사진 한정수(studio etc)
스타일링 김신정
촬영 협조 최은별 / BSLASHB
의상 협찬 BSLASHB, MALEN
헤어 · 메이크업 조유리
모델 에이블에이전시

디자인 제이알컴
인쇄 · 제본 민언프린텍

펴낸곳 한스미디어(한즈미디어(주))
주소 121-839 서울시 마포구 양화로 11길 13(서교동, 강원빌딩 5층)
전화 02-707-0337 | **팩스** 02-707-0198 | **홈페이지** www.hansmedia.com
출판신고번호 제 313-2003-227호 | **신고일자** 2003년 6월 25일

ISBN 979-11-6007-764-3 13590

책값은 뒤표지에 있습니다.
잘못 만들어진 책은 구입하신 서점에서 교환해드립니다.